上海市首届
"医德之光"
"医德楷模"
奖项获得者事迹

上海尚医医务工作者奖励基金会
上海医药卫生行风建设促进会
编

上海人民出版社

图书在版编目(CIP)数据

医德之光:上海市首届"医德之光""医德楷模"
奖项获得者事迹/上海尚医医务工作者奖励基金会,上
海医药卫生行风建设促进会编. —上海:上海人民出版
社,2022
ISBN 978 - 7 - 208 - 17275 - 3

Ⅰ. ①医… Ⅱ. ①上… ②上… Ⅲ. ①医生-先进事
迹-中国-现代 Ⅳ. ①K826.2

中国版本图书馆 CIP 数据核字(2021)第 158882 号

责任编辑　赵蔚华
封面设计　谢定莹
封面题签　王道民
摄　　影　王伯杰　彭小溪　陈士彦

医德之光
——上海市首届"医德之光""医德楷模"奖项获得者事迹
上海尚医医务工作者奖励基金会
上海医药卫生行风建设促进会 编

出　　版　上海人戶出版社
　　　　　(201101　上海市闵行区号景路 159 弄 C 座)
发　　行　上海人民出版社发行中心
印　　刷　上海雅昌艺术印刷有限公司
开　　本　787×1092　1/16
印　　张　17
插　　页　4
字　　数　266,000
版　　次　2022 年 11 月第 1 版
印　　次　2022 年 11 月第 1 次印刷
ISBN 978 - 7 - 208 - 17275 - 3/K · 3123
定　　价　138.00 元

编委会

|主　　编|

俞卓伟　刘国华

|执行主编|

刘根荣

|编　　委|

俞卓伟　刘国华　刘根荣　邹冬冬　陈淑雯　陆　婧

|文字统筹|

潘英华

序

2019 年岁末，上海市首度创设"医德之光""医德楷模""医德楷模抗疫特别奖"选树活动，遴选出 46 位白衣天使，他们的事迹熠熠生辉。

这是对"不忘初心、全心全意为患者服务"的医务工作者们高尚医德风范的至高礼赞，旨在树立行业新风，推进文明行业建设，鼓励广大医务人员积极践行"敬佑生命、救死扶伤、甘于奉献、大爱无疆"的崇高卫生职业精神，为人民群众提供更高质量的全方位全生命周期的健康服务，为建设"健康中国""健康上海"而努力奋斗。

这是上海卫生健康行业职业道德范畴的一项崇高荣誉。首届选树的 46 位闪光的身影中，有德高望重的国之名医，多年来在人类医学发展道路上孜孜以求、独树一帜；有勇挑重任的医护中坚，在各自的医术领域里潜心钻研、一路芳华；有锐意进取的"小字辈"们，在医学天地里初露锋芒，彰显新时代青年的倔强与担当。

自从医以来，他们坚持面向人民生命健康，始终信守医者誓言，做好医疗保障体系的建设者、公共卫生发展的贡献者、和谐医患关系的维护者。他们，是上海 25 万医务工作者的先进代表，用智慧和汗水为市民健康保驾护航。

2020 年，我们携手走过抗击"新冠"疫情的不平凡时光，铸就了"生命至上、举国同心、舍生忘死、尊重科学、命运与共"的伟大抗疫精神，再次证明了中国特色社会主义的制度优势，彰显了中国精神、中国力量、中国担当。

新时代，赋予医务工作者新的使命与挑战。我们要认真学习党的十九届六中全会精神，从党的百年奋斗重大成就和历史经验中汲取智慧力量，以史为鉴、开创未来，更加坚定自觉践行初心使命，在新的赶考路上，勇闯医学禁区，勇攀医学高峰，为中国医疗卫生事业的发展，为 2050 年全面建成社会主义现代化强国而奋斗不竭。

是以为序。

上海市卫生健康委员会　　主　任　邬惊雷
上海市卫生健康委员会　党组书记　章　雄
2021 年 12 月于上海

心之所向：百姓安康

总有一种担当，汇聚信仰的力量。
总有一群榜样，环绕我们的身旁。

这里，有一群白衣天使的故事。

他们是"医德之光"——从医50周年以上、年龄80周岁以上德高望重的医界泰斗，用青春和热血为新中国医疗事业的发展写下不朽篇章。

他们是"医德楷模"——长期坚守在医疗第一线的生命守护者，用智慧和创想，在控制人类疾病的博弈中披荆斩棘、乘风破浪。

他们是"抗疫先锋"——奋战在抗击"新冠"疫情第一线的"援鄂""守沪"者，用医术和信念筑就城乡生命防护网。

他们，是上海首届"医德之光""医德楷模""医德楷模抗疫特别奖"选树人物。

此项活动设立于2019年，由上海市文明办、上海市教卫工作党委、上海市卫生健康委指导，上海尚医医务工作者奖励基金会携手上海医药卫生行风建设促进会组织开展。

46位人物，46个闪光的身影，他们恪守医者誓言，经年累月地扎根医学沃土，以赤忱为民的仁心和精益求精的医术，用每日里不断上演的生命奇迹，构筑"至真、至纯、至刚、至美"的上海医务工作者群像，给患者以光明和希望，给城市以温暖和安康。

今日，我们串珠成链，将这 46 位医务工作者的事迹汇编成册，以期让更多的人知晓、传颂，让"敬佑生命、救死扶伤、甘于奉献、大爱无疆"的崇高卫生职业精神代代相传。

本书的出版得到了各级领导、各办医主体（复旦大学、上海交通大学、同济大学、上海中医药大学、上海健康医学院）、各区卫健委、上海浦东新区社会发展基金会、上海复旦大学校友会、爱康集团、上海雅彦文化传播有限公司，以及上海医药卫生行风建设促进会会长刘国华、常务副会长刘根荣、秘书长邹冬冬、副秘书长陈淑雯、陆婧等的全力支持，在此一并致谢。

2021 年 11 月于上海

（作者系原复旦大学附属华东医院院长，全国劳模，

上海市级医疗卫生单位劳模联谊会会长）

医德之光

医德楷模

医德楷模抗疫特别奖

医德楷模提名奖

医德之光

医德之光

医德之光

丁文祥

上海交通大学医学院附属上海儿童医学中心

主任医师、心脏中心学科顾问

白发丹"心"

——记上海交通大学医学院附属上海儿童医学中心丁文祥

丁文祥，中国小儿心胸外科创始人，荣膺世界儿科和先天性心脏病外科协会"终身成就奖"。

每周五上午的国家儿童医学中心、上海儿童医学中心的诊室里，你总能看到一位白发苍苍、戴着助听器的老专家。有时孩子上午检查还没做完，他会告诉家长，中午睡一会，下午做完检查再过来。有时他会考虑到外地来沪就诊家庭的实际情况，把工作时间延长到下午两三点。"帮助他们当天做完检查、看完报告，这样他们可以省下一天住宿费，当天回家。"患者不知道，这个贴心的老者已年过九十。他是我国小儿心脏外科的奠基人、"泰斗级"人物丁文祥。

在 70 多年的行医历程中，丁文祥领衔的多项研究成果曾获国家科技进步二、三等奖。2019 年，他被中共中央文明办授予"中国好医生"荣誉称号，被世界儿科和先天性心脏病外科协会授予"终身成就奖"，同时获评中国小儿心胸外科"终身成就奖"、上海医学发展"终身成就奖"等；2020 年，获评上海市"医德之光"荣誉称号。

成事应有不渝志

"做医生不仅是为糊口，还要在医学领域有所突破。"

出生在安徽宿县的丁文祥，起初并不热衷于医学，但在父亲的坚持和同伴们的影响下，在 18 岁那年放弃了喜欢的理工科，从安徽考入上海震旦大学学习医科，并以优异的成绩毕业。很多年后，回忆起这段求学经历，丁文祥笑着说："我每天早晨很早就来到教室门口，等待管理教务的神父来开门。神父见我如此刻苦用功，还为我申请了奖学金，帮助我顺利地完成学业。"

1954 年，从震旦大学医学院毕业的丁文祥在广慈医院（上海瑞金医院前身）工作。1958 年，年轻的他借鉴国外的先进技术，在治疗一种名叫肠套叠的婴幼儿常见病上取得突破，发明了一种空气灌肠器的疗法，让 90% 的患儿避免了开腹手术。这以后，他又将目光投向小儿外科难度最大的分支——小儿心胸外科。在 1963 年 3 月从瑞金医院转至新华医院任职后，他就把自己全部的研究精力集中在小儿心胸外科的发展上。

没有想到的是，1966 年 5 月，一心想赶上国际小儿心脏外科医学潮流的丁文祥遭遇"文革"。他头顶"白专"的帽子，一度被迫离开医生的岗位，做起病房工勤人员。直到 1972 年，"文革"后期，迫于先天性心脏病治疗的紧迫形势，医院重新召回被下放到安徽的丁文祥。事业重获转机的丁文祥特别珍惜这来之不易的机会，把全部精力投入工作中，向儿童先天性心脏病诊疗发起了冲锋。

1974 年，丁文祥在新华医院牵头组建了中国第一个小儿心胸外科，当时整个科室只有 6 位医生、7 张病床，每天仅能做一台手术。科室虽然有了起步，但是设备还远不能满足要求。于是，丁文祥拉上同伴就往医院隔壁的上海电表厂跑。上海市小儿先天性心脏病研究所名誉所长刘锦纷教授回忆说："当时我刚到科室报道，丁老师对我们说，下午跟他一起到隔壁'上海电表厂'看看正在研制的小儿人工心肺机。那时我们就觉得这个医生很特别，不待在医院跑工厂。"在回医院的路上，丁文祥向刘锦纷讲了要开展婴幼儿先天性心脏病手术的宏伟蓝图。"所以我们不能等国外的仪器设备，必须自主研发。"丁文祥非常坚定地说。很快，他设计并监制的国内首台小儿心肺机问世了，小儿心脏手术的各种氧合器问世了……这些器械不仅填补了国内空白，更为我国开展婴幼儿心脏手术提供了基本条件，被同行广泛应用和称赞，称其为"丁氏"器械。

风物长宜放眼量

"今天的医生不仅应该闷头看病，更应该放眼看世界。"

小儿心肺机的问题解决了，人工膜肺的难题又摆在丁文祥的面前。20世纪80年代，小儿心外科的主要手术是在零下18摄氏度到零下20摄氏度的深低温环境中完成的。丁文祥说回忆说："那时候连续做了9个病人，4个死亡。"原因究竟在哪里？"当时美国对我们封锁了，不让学，我就去日本学。"在日本，丁文祥一眼就看出了问题所在："日本用的是美国进口的人工膜肺，我们用的鼓泡式人工肺，成人用没问题，小孩子用不了。"回国后，丁文祥就发起了与复旦大学高分子材料研究所、上海市肺科医院之间的三方合作，踏上了研制"人工肺"的征程。1985年，首例使用国产膜肺的深低温停循环心脏直视手术成功实施，又一次为小儿心胸外科的学科发展树立了里程碑。

20世纪80年代初期，时任世界健康基金会总裁威廉·华尔许（美国）途经上海，拟考察一家中国医院的心血管专科。丁文祥和他的小儿心胸外科接下了这个任务。在交流过程中，丁文祥全面地介绍了自力更生开展小儿心脏外科手术的过程，并展示了自主研制生产的手术器械。威廉·华尔许非常震惊于所看到和听到的一切，在当晚的交流晚宴上，一份"三年合作协议"的设想摆在了丁文祥的面前。合作的内容包括：美方免费提供医疗装备，包括一间手术室、一间监护室、四个床位的监护仪，邀请美国最著名的小儿心血管内外科医生、护士到新华医院给予业务指导，把新华医院心胸外科的医护精英送去美国进修学习。不久之后，由波士顿儿童医院率领的小儿心血管内外科团队来到新华医院，指导开展国内首例大血管错位纠治术。这份"餐桌上的协议"为小儿心血管学科开启了国际合作的大门。

1988年，一个更加大胆的设想在丁文祥的大脑中产生——与世界健康基金会合作，在上海合作建立一家高标准、现代化的儿童专科医院。中美合作筹办一所医院，在当时来讲是"破天荒"的事情，消息一出，舆论一阵波澜。在丁文祥的牵头奔波下，上海市政府选址浦东塘桥地区，开始了筹建工作。可从1988年到1998

年，中美关系起伏跌宕，项目经历过轰轰烈烈的推进，也遭遇过因政治影响而被迫中止。历经十年，终于在 1998 年 6 月 1 日建成开张。江泽民同志亲笔为医院题写院名，美国总统夫人希拉里亲临开张典礼并剪彩。2017 年 1 月，上海儿童医学中心获批成为国家儿童医学中心主体单位之一，站在更高的起点，守护全国儿童健康。

丁文祥说："机遇是转瞬即逝的，如果无法抓紧眼前的机遇，我们会错失许多发展的可能。今天的医生不仅应该闷头看病，更应该抬头看天，放眼看世界，为中国创造更好的医疗环境赢得机遇。"

医"心"先需有"仁心"

"在我们家的饭桌上，术后的患儿经常是讨论的话题。患儿的安危直接影响着全家人的心情。"

病人在丁文祥心中始终是第一位的。无论是周末假期，还是夜深人静，往往是医院一个电话，他二话不说立即就往医院赶。从上海西部的长宁区新华路，到上海东北角的杨浦区新华医院，这条由家到单位的路上，曾经是丁文祥最熟悉的风景。他骑着自行车，攻克了一种病症，又挑战更复杂的病症。

女儿丁瑜回忆父亲当年的工作情景说："他整日整夜在医院忙，全然顾不到我。几天之后，患儿终于度过了危险，才见他万分疲惫地回来，唇边都起泡了。在我们家的饭桌上，术后的患儿经常是讨论的话题。患儿的安危直接影响着全家人的心情，患儿如果几经危险转危为安，我和妈妈也都如释重负一般。久而久之，连我这个从未学过医的人，对小儿先天性心脏病的病种、病征都耳熟能详了。"

丁文祥自己常常教年轻医生"做医生的道理"。他要求年轻医生多做些"换位思考"："你不要光给人看病，你多关心人家一下，他是从哪里来的、家里经济条件怎么样、家长对孩子有哪些期待。你了解了病人的情况，才能有针对性地给人家做治疗方案。"

　　如今的上海儿童医学中心心脏中心，从最初的 7 张病床，发展为 108 张床位、47 张 ICU 监护病床；年手术量由最初的百余台增加到近 4000 台，保持在全球儿童专科医院之首，手术总体成功率高达 98%。丁文祥在国内首创的小儿先心外科培训班带动辐射全国各地 50 多个地区 100 多家医院，累计培训小儿心血管专业的医护人员千余人次，为全国 30 余家单位建立小儿先心病诊治中心。丁文祥说："柳叶刀光虽寒，重筑人心则暖。和先心病患儿在一起，我就很温暖。"医

医德之光

王 振 义

上海交通大学医学院附属瑞金医院　主任医师、终身教授

中国工程院　院士

得偿所愿

——记上海交通大学医学院瑞金医院王振义

王振义，中国血栓与止血专业的开创者之一，被誉为"癌症诱导分化之父"。

1924 年，无线电广播信号经 6 个电台、跨越 7000 英里进行转播，成功覆盖美欧两个大陆，使全球人民相互连接成为可能。

这一年初冬，在上海公共租界的石库门弄堂里，一个婴儿呱呱坠地。父亲王文龙按"仁、义、礼、智、信"之序，为这个"振"字辈的男孩取名王振义。后来，他成为著名的血液病学专家、世界"癌症诱导分化第一人"，医学成果福泽全球人民。

一辈子看好一种病

"我这一辈子看好了一种病，但是，我最遗憾的是只看了这一种病，还有很多病没有攻克。病人需要我们，祖国需要我们，爱国，首先就要爱自己的事业。"

急性早幼粒细胞白血病，曾是最致命的癌症类型之一，其缓解率低、死亡率高。传统化疗在杀死白血病细胞的同时，对正常细胞也具有杀伤作用，会加剧出血，导致早期死亡。

从 20 世纪 70 年代起，王振义潜心攻关，80 年代初在国际上率先开展"诱导分化"治疗恶性肿瘤的临床研究。他应用"全反式维甲酸"

诱导分化治疗，并与其他药物合用不断优化治疗方案，使这种十分凶险、死亡率高的白血病，5 年生存率从 10%—15% 跃升至目前的 97%。他提出"诱导分化疗法"与"靶向治疗"的新概念，使之成为第一种可以通过内科治疗得到治愈的白血病，为肿瘤靶向治疗提供了成功的典范。他阐明其遗传学基础与分子机制，树立基础与临床结合的成功典范；建立了我国血栓与止血的临床应用研究体系。

他确立的治疗方法被海外媒体誉为"上海方案"，与"青蒿素的发明"等并列为"新中国对世界医学的八大贡献"。

他放弃专利，无偿将"全反式维甲酸"这一药物向全球公开，生命获救者及因此而节省的医药费用，难以计量。

他热心公益慈善事业，2016 年，与 11 名院士一起，在中国红十字基金会设立"院士博爱基金"，期望在力所能及的范围内能帮助他人。

他还一次次捐赠奖金，于无声处书写着"医者仁心"。1996 年，王振义获香港求是科技基金会"杰出科学家"奖，他坦然将 100 万元人民币奖金分别捐给了上海第二医科大学、上海瑞金医院、上海血液学研究所，用于血液病科学研究。

经年累月对着自己干

"我今天很累了，要睡觉了，但是我要去看书，因为明天这个病人要解决问题，这不就是对着自己干吗？我就干到我最后一口气吧，因为一个人总要实现他自己的价值。"

王振义，这个家中唯一从未被父亲打过手心的孩子，自小向学。

1942 年，19 岁的王振义获得了免试直升震旦大学的资格。

1948 年，他以第一名的成绩毕业，获震旦大学医学院博士学位。同年，入广慈医院（今瑞金医院前身）担任住院医师，开启医生职业生涯。

1949 年底，他积极投身血防队，帮助解放军部队突击防治血吸虫病，被授予三等功。

1953 年 4 月，他第二次报名参加上海市第五批抗美援朝志愿医疗队并获批准，担任东北军区内科巡回医疗组主治医师，奔赴黑龙江后方医院。他凭借敏锐的观察力和过硬的医术，及时诊断并治愈了一大批被肺吸虫病感染的战士，被授予二等功。

1978年，面对急性早幼粒细胞白血病的高致死率，他一头扎进科研攻关，历经八年终获突破。

1986年，王振义用独创的"全反式维甲酸"治疗法救治了首例"急性早幼粒细胞性白血病"患者；同年，24位相同病患得到治疗并好转。国际著名癌症研究权威里查德（Richard）教授称这一研究为"具有划时代意义"的成果。国际著名癌症专家沃勒尔（Warrell）对此给予高度评价，称"这一结果为基础研究转化为临床应用树立了典范"。

1996年，仍然奋战在医疗临床一线的王振义74岁。他迷上了电脑，一头扎进网络世界，跟踪最新医学成果。

王振义学术成果卓著，共发表论文310篇，主编专著5本，参加编写著作17部。他共发表SCI论文80余篇，其中1988年发表在 *Blood* 杂志上第一篇关于"全反式维甲酸诱导分化疗法"的论文，至今被他引用2000余次，获美国科学信息研究所"最佳被引证文奖"。

"解决患者的问题"，是王振义不懈探索医学创新的源头，也是他始终不变的医者初心。"因为你的努力，我战胜了病魔"，这是患者对王振义半世行医最真诚的赞誉。

事业，要更好地继续下去

"你要一个人去完成一个任务，100岁都不够的。那么，你怎么样可以使你的事业能够更好地继续下去呢？如果没有继承人，是没有用的。"

行医70余年，王振义在国内、国际获奖不计其数。

1989、1993年，两度获国家教委科技进步奖二等奖。

1994年，入选首批中国工程院院士，并获凯特林奖（国际肿瘤学界最高奖）。

1998、1999 年，先后获卫生部科技进步二、三等奖。

2001 年，获国家自然科学二等奖。同年，获美国哥伦比亚大学授予的荣誉科学博士学位，成为获此殊荣的第一位中国科学家。

2004 年，获评全国卫生系统先进工作者。

2007 年，获国家科学技术进步奖二等奖。

2011 年，获科技部国家最高科技奖。

2012 年，国家科技部举行小行星命名仪式，星际间有一枚小行星永久以他的名字命名。

2020 年，获上海市"医德之光"荣誉称号。

王振义是上海血液学研究所的创始人、首任所长。经一代代师生接棒式传承，血研所已经从当初 40 平方米的简陋实验室发展成总面积达 3600 平方米，占三个楼面，成为设备一流、管理先进、人才辈出的国内著名人才孵化地，并先后成为上海市、卫生部、教育部的重点实验室，上海市"重中之重"重点学科，"211"工程重点建设专业，上海市领先专业等。2001 年，成为医学基因组学国家重点实验室，承担 100 余项国家级课题、80 余项省部委级重大课题、14 项国际合作课题等。

除临床医疗工作外，王振义还先后担任上海第二医科大学（现上海交通大学医学院）内科学基础、普通内科学、血液学、病理生理学等课程的教学工作。

1958 年，他翻译了斯蒂芬尼尼（Stefanini）的《出血性疾病》（1958 年上海科技卫生出版社），成为当时国内该领域唯一可供参阅的书籍。

1988 年，他作为第一主编编写了《血栓与止血》，并相继于 1996 年（第二版）及 2004 年（第三版）出版。该著作获得第十届华东地区优秀科技图书一等奖。

他潜心育人、甘为人梯，共培养博士 21 人、硕士 34 人。陈竺、陈赛娟这对著名的"院士夫妻"，还有"973"最年轻的首席科学家、中国科学院院士陈国强，都是他的得意门生。一门四院士，王振义与团队共写"杏林传奇"，为中国血液学和癌症研究培养了大量优秀人才。

2003 年，王振义已年近八旬。这位闲时喜欢一边玩纸牌、一边听交响乐的老人，发明了一种新的人才培养方式——"开卷考试"：即每周一由学生提交临床上遇到的疑难病例，形成"考卷"。他利用一周时间，一面亲自跑到病人床边问诊，一面借助互联网搜索全球最新文献、研究成果，思考、分析后制作成 PPT"答卷"，并在每周四上午与大家一起探讨。这一"考"就坚持了十多年。"开卷考试"丰富了临床医生的见闻与学识，也实实在在地帮助了一位又一位患者。这一份份答卷，已汇编成专著——《瑞金医院血液科疑难病例讨论集》第二集出版发行，字里行间，浸透了王振义对挚爱医学最炽热的情、对青年医师最无私的爱。

2020 年"新冠"疫情期间，王振义的"开卷考试"仍在延续。5 月 16 日，96 岁的他带着高科技助手——移动查房机器人"小雪"，在瑞金医院"血液医联体"会议室里，顺利为在同仁医院住院的疑难血液病患者进行远程会诊，全国 60 余家血液病中心的 3000 余位血液科医生全程参与。这一场"互联网＋医疗"的实践，跨越地域空间制约，为血液病患者提供更高效、更精准的诊疗。

与时俱进、锐意进取，这就是王振义，"一位无私无畏、尊重科学的医生，一位精勤不倦、胸怀宽广的科学家，一位言传身教、甘为人梯的老师，一位胸怀壮志、淡泊名利的大师，一位勤于钻研、学无止境的老人"（陈国强语）。他见证了新中国的血液肿瘤治疗"从无到有、从有到优"，他的成功实践与相关理念开创了肿瘤治疗的新格局，他为世界医学做出了杰出贡献。

医德之光

叶景华

上海中医药大学附属第七人民医院　主任医师

岁月如景 医路芳华

——记上海中医药大学附属第七人民医院叶景华

叶景华，上海市名中医，全国中医肾病学会委员，上海中医药学会常务理事。

1978 年被评为上海市卫生战线先进工作者；1988 年被评为全国卫生文明先进工作者；1993 年享受国务院特殊津贴；1995 年被上海市卫生局、人事局授予"上海市名中医"称号；1996 年被聘为上海市名中医学术经验传承班指导老师；2006 年成立上海市名中医叶景华工作室，被聘为上海市名中医药专家学术继承发展研修班导师；2011 年成立叶景华全国名老中医药专家传承工作室，被聘为第三、第四批全国老中医药专家学术经验继承工作指导老师；2020 年获上海市"医德之光"奖。

92 岁的叶景华一生的从医道路，就像他的名字：岁月如景，医路芳华。

幼承家学

"事实证明，中西医可以互为借鉴，两者结合起来能收到更好的效果。"

1929 年，叶景华出生于中医之家，父亲是擅长内科、妇科的中医师。叶景华四五岁开始识汉字、读经典，受到中国传统文化的熏陶，同时也开始读《医学心悟》《汤头歌诀》《药性赋》等中医入门书籍。年龄稍大一些，他就随着父亲学习诊治患者及配中药。1945 年，叶景华进入上海中医学院，师从名医丁济万，学习了《内经》《神农本草经》《伤寒论》《金匮要略》等经典著作及有关课程，得获薪传，师古融新。毕业后，在父亲诊所协助处理诊务。1952 年，他又参加了上海市卫生局主办的医学进修班，系统地学习了西医学理论，拓展了专业知识面。1954 年结业后，叶景华被分配至上海市第七人民医院内科做住院医生。

刚到七院工作，叶景华就遇到一个挑战。他回忆说："在我记忆中，那时候七院虽然规模一点都不算大，但是因为一则中西医结合治疗的病例，就一下子为很多人所知了。那时高桥修海塘，有一批工人得了原虫性痢疾（阿米巴痢疾），当时首先采用的是西医治疗，但是西医副作用大，同时因病患人数多，药物紧缺，所以我们决定采用中医疗法，使用了《伤寒论》中的'白头翁汤'，效果出乎意料的好。病人在服药二三天内，疾病症状大大改善，部分病人连肠道内原有的原虫滋养体都消失了，科室中的西医医生都感到很惊奇。中医成功治疗几十例阿米巴痢疾的事例也被各大报刊媒体报道，在当时造成不小的影响力，而我自己也对中西医结合治疗有了更坚定的信念。"治疗的成功让叶景华信心百倍，更坚定了他在中医道路上探索的信念。1956 年，七院成立中医科，叶景华从事中医工作一直至今。

誉满杏林

"中医就是要辨证与辨病相结合，宏观和微观相结合，论治与专方相结合，内治与外治相结合。"

叶景华在行医的 60 余年间，熟读经典，勤于临床，发皇古义，创立新说，对中医药形成深刻的理解和体悟。他认为：任何事物是一分为二的，既对立又统一。在临床诊治工作中，只有避免片面性认识，才能正确地辨证论治并提高临床疗效。疾病是体内自身平衡被破坏后的身体反应，治疗目的在于调节机体内部的不平衡状态使之趋于平衡，恢复正常的生理活动。中医学的发展要结合各学科的知识，形成有系统的医学理论和实践。他把这样的认识概括为"三论"。在临床论治中，叶景华还强调"五要"：一要在证候错综复杂的情况下抓住主证；二要分清主次，把握虚实先后；三要在共性中找出个性；四要注意病变的阶段性；五要全面考虑局部和整体情况。

基于这样对中医药深邃的思考和长久的实践，叶景华创制出多首疗效确切的经验方，对外感热病和内伤疑难杂症的诊治都有独特的见解和治法，尤其以治疗肾病著称。对慢性肾炎，他提出益肾清利、活血祛风法；对慢性肾功能衰竭，他提出扶正解毒、化瘀泄浊利湿法，不仅在临床上取得疗效，而且通过实验论证机理，获得上海市中医药科技进步奖。此外，叶景华还研制了 30 余种院内制剂，如解热合剂、尿感合剂、宁神合剂、通淋粉、肾衰膏等，价廉效佳。他还强调多途径用药，形成静脉、口服、灌肠（灌胃）、皮肤（熏蒸、湿敷）、穴位（脐疗、注射）等多种给药方法。

叶景华治学严谨而勤奋，即使在耄耋之年，他仍亲自整理病案，总结经验，笔耕不辍，陆续出版多部个人经验著作。1997 年出版《叶景华医技精选》，2006 年出版《简明中医临床诊疗手册》，2013 年出版《叶景华诊治肾病经验集》，2018 年出版《叶景华临证经验集萃》。先后发表论文 60 余篇，其中，"以益肾清利活血祛风为主治疗慢性肾炎""以肾衰方为主治疗慢性肾功能衰竭临床观察与实验研究"分别获得上海市卫生局中医药科技进步奖三等奖。

薪火不灭

"中医药文化源远流长，办好'工作室'，就可以为中医留下生生不息的火苗。"

"师带徒"是中医药绵延数千年得以传承的重要途径。叶景华多次担任上海市名老中医学术继承班导师、国家"优秀中医临床人才研修项目"导师、上海市老中医药专家学术经验继承高级研修班导师，以传播和振兴中医药为己任。

2012 年，经国家中医药管理局批准，"叶景华全国名老中医药专家传承工作室"在上海市第七人民医院授牌。作为七院中医学科奠基者，叶景华相继创建了上海市中医肾病优势专科、国家"十二五"肾病重点专科项目，培养了叶玉妹、孙建明、朱雪萍等一批名中医。而今，他们成立了自己的个人工作室，在各自的学科建设上成绩斐然。叶玉妹成为首届全国优秀中医临床人才、浦东新区名中医、上海市中医肾病优势专科学科带头人；孙建明现在是浦东新区中医药协会男性病专业委员会主任委员、浦东新区传统型中医临床示范学科中医不育症专科学科带头人、不育不孕特色专科学科带头人……此外，2015 年，市中医医院 27 名优秀中青年中医骨干正式拜师 16 位知名老中医，通过老中医的传帮带，继承学派精髓，提升临床技术，这 16 位中就有叶景华。

"叶先生的学术思想、经验、病案、方、药策略十分丰富，为此，工作室利用现代化技术，拍摄记录叶老的诊疗工作，保存原始资料，录入医疗信息，统计、挖掘诊疗过程中的辩证思路和用药规律，总结临证经验；与此同时，建设网络平台，上传医案、用药等，为国内外中医学者及患者提供治疗疾病的共享资料。"工作室团队成员张传富介绍道。叶景华为工作室明确了一系列的工作目标、考评机制，所有的努力与探索都是希望为中医留下生生不息的火苗。

时至今日，谈及中医药，叶景华仍是一往情深："我今年 90 岁了，但我每周都要来医院坐诊，其实还是实在太喜欢做医生了，最喜欢看到的就是病人因我的医治一个个都能好起来、高兴起来。其实中医和西医一样，不只是学习治疗的医术，也是在学做人修心，只有心里想着患者，才会去刻苦钻研医术；只有心里想着患者，才能得到患者的信任，才能更顺利地进行治疗。我也经常教育我的学生，只有医德医术兼优，才对得起医生这个职业！" 医

医德之光

史宗俊

中国疾病预防控制中心寄生虫病预防控制所 研究员

治虫者

——记中国疾病预防控制中心寄生虫病预防控制所史宗俊

史宗俊，中国丝虫病防治群体中的领军者。

寄生虫病是严重危害人类健康的疾病。我国曾是寄生虫病流行严重的国家之一，《一九五六年到一九六七年全国农业发展纲要》要求积极防治、限期消灭的九种危害严重的疾病中，寄生虫病占了五种。这五种寄生虫病成为新中国成立后疾病防治的重点，史宗俊最在意的那种叫作淋巴丝虫病。

从 1961 年调至中国医学科学院寄生虫病研究所，分配到丝虫病研究室工作开始，史宗俊职业生涯的大部分时间是在从事丝虫病的现场防治研究工作，一生"治虫"，留下的是等身荣誉和"中国成为全球第一个宣布消除丝虫病国家"的传奇。

艰难之中担重任

"晚间我们就用防治试点工作组的桌子拼起来当床，白天用小学生桌椅来摆放显微镜。"

淋巴丝虫病，是一种严重危害人类健康的寄生虫病，曾经在寄生虫致残病因中居第二位。新中国成立初期，丝虫病感染人数达 3000 多万人，有 3.4 亿人居住在流行区内。丝虫病自感染期幼虫侵入人体，至血液内发现微丝蚴为止，潜伏期一般 1 年左右，最早 4 个月，最迟一年半。丝虫病的临床表现轻重不一，在流行地区可有 50%—75% 的"无症状"感染者。急性期丝虫病的突出症状为淋巴结炎、淋巴管炎、丝虫热等，特点是周期性发作，每隔 2—4 周或每隔数月发作 1 次。每次发作多在运动或疲劳之后；有时也会不定期发作。病程进入慢性期后，由于反复炎症，会发生淋巴结与淋巴管曲张、器官积液、象皮肿等症状，病程可达 10 余年。概括地说，这种寄生虫病，发现难、病程长、治疗复杂。

史宗俊挑上了它，作为自己一生的对手。1952 年，史宗俊毕业于同济大学医学院。1953 年夏，他从中央卫生研究院华东分院第二届寄生虫学高级师资进修班结业后，被分配到哈尔滨医科大学生物学教研室任寄生虫学助教。1961 年，他调至中国医学科学院寄生虫病研究所，分配到丝虫病研究室工作。从此开始的几十年，除了曾被调往昆明中国医学科学院医学生物研究所工作 10 年（1971—1981）外，其余大部分时间，他都是在从事丝虫病现场防治研究。回想这段经历，史宗俊记忆犹新。

20 世纪 60 年代，以史宗俊为代表的这一批"治虫者"，面对的是极为艰苦的科研条件。防治试点工作组一般设在当地的公社卫生院，虽然卫生院会尽可能腾出房子和家具，提供方便，但住宿往往无法解决。史宗俊提出："晚间我们就用防治试点工作组的桌子拼起来当床，白天用小学生桌椅来摆放显微镜。"试点实验需要采血，只要天不下雨，晚上史宗俊就要到各村进行采血工作。远的村子光是往返路程就要走一个半小时，一般都要到凌晨 1 点多钟才能回到驻地。回来后，用冷水擦擦汗、洗洗脚，拼好桌子、挂上蚊帐，很快就进入了梦乡。第二天早晨起来，吃过早饭，再把血片溶血、固定、染色、镜检。就这样，史宗俊他们平均每月要抽样调查千余人。

这一批"治虫者"，以不畏艰辛、无私奉献、勇于创新、团结协作的精神，在中国的寄生虫传染病防控工作中，奉献了一生中最宝贵的青春年华。

不破楼兰终不还

"我和同事们为能参与这个过程，为改善中国人民健康、提升中华民族的国际地位曾做出的努力而感到无比欣慰！"

1994 年，中国向世界宣布"在全国范围阻断淋巴丝虫病的传播"。2007 年，世界卫生组织审核认可"中国成为全球第一个宣布消除丝虫病的国家"。这背后，是史宗俊们"不破楼兰终不还"的勇气和信念。

20世纪60年代开始，史宗俊重点研究丝虫病防治策略和技术措施；80年代以后，他认为此时丝虫病防治科研工作应着力解决防治后期丝虫病传播规律问题，研究制定消灭丝虫病的策略和措施。于是，史宗俊提出两个课题：一个是到现场研究低密度微丝蚴血症者的传播作用，另一个是丝虫病传播阈值的研究。1981年，经商量选定在浙江省德清县红星生产大队进行课题研究。研究需要采集静脉血，但群众不易接受。史宗俊与生产大队干部商量，每人发半斤白糖作为抽血补偿，顺利完成了科研任务。

在开展丝虫病防治的50多年间，史宗俊先后发表30余篇学术论文，牵头或作为副主编主持编写（包括修改和统稿）专著数部，其中，《中国丝虫病防治》被世界卫生组织西太区办事处译成英文向全世界推介。2000年，由中国预防医学科学院寄生虫病研究所牵头，全国14个丝虫病流行省、自治区、直辖市防治机构协作完成的"中国阻断淋巴丝虫病传播的策略和技术措施的研究"获国家科学技术进步一等奖，史宗俊是项目第一完成人。2001年，他获得杜邦科学技术创新奖，同年被评为上海市优秀共产党员。2008年，史宗俊获第五届"上海市医学荣誉奖"，同年被评为卫生部全国丝虫病防治先进个人。2010年，中国疾病预防控制中心寄生虫病预防控制所授予他建所60周年突出贡献奖。2020年，他获得上海市"医德之光"奖。

功已成而身不退

"国家给我的荣誉太多了，其实我做得还很不够。"

1990年，史宗俊离休了，但他依然割舍不下为之奋斗几十年的寄生虫病防治研究工作。他继续协助卫生部总结我国丝虫病防治经验，编写《中国丝虫病防治》一书；参与制定消灭丝虫病标准及其审评方案；参加有关会议和评审工作，对我国丝虫病防治与研究工作进行技术指导，为我国消灭丝虫病献计献策、尽心尽力。

1997年至2006年，史宗俊连续9年担任寄生虫病所离休党支部书记，在支部书记的岗位上，他工作认真负责，结合单位实际情况和老同志的自身特点，本着有利于老同志参加活动、有利于开展思想沟通和交流、有利于发挥老同志作用的原则，通过组织学习、讨论和参观等活动，增加老同志的凝聚力，努力成为团结老同志、关心单位发展、为寄生虫病防治事业建言献策和为社会服务的桥梁和纽带。在单位开展的"深入学习科学发展观"的活动中，他作为特约群众代表，为全所的发展建言献策，提出许多宝贵的意见和建议。

2008 年 5 月，四川汶川发生特大地震后，史宗俊以一个普通共产党员的身份，向灾区捐献特殊党费 1 万元。2001 年，史宗俊接受上海市向明中学的聘请，担任该校课外辅导员。他先后联系两个班级，5 年里每学期参与班级会议 2 次，用自己的亲身经历与深刻体验和学生畅谈交流，取得较好的效果，还多次带领学生到寄生虫病标本馆参观学习。为了帮助家乡农村的医务人员提高医疗水平，2013 年开始，史宗俊自费为家乡 7 个村卫生室各订阅一份《中华全科医学杂志》月刊，各买了两本大型参考书《全科医学》和《全科医学手册》，并鼓励他们积极参加职业助理医师资格考试，还对通过考试、获得助理医师资格者，每人发放 5000 元鼓励奖。

史宗俊的真情付出和无私奉献，得到所有人的高度赞誉。他 2009 年获"上海市教育卫生系统离退休干部先进个人"；2015 年获"国家卫生计生委直属机关离退休干部先进个人"。大家祝贺他获奖时，他谦逊地说"国家给我的荣誉太多了，其实我做得还很不够。"

史宗俊有一句人生格言："人要有信念，要有艰苦奋斗的精神，搞科研就要甘于寂寞，甘于清贫，勇于奉献。"钻研不已，奋斗不停，离而不休，奉献不止。史宗俊用他的精彩人生和突出贡献，诠释了自己对人生格言的理解，展现了一个共产党员的高尚风范和医学大家的德技双馨。医

医德之光

沈镇宙

复旦大学附属肿瘤医院　　主任医师、终身教授、大外科名誉主任

守护红颜的"神手"

——记复旦大学附属肿瘤医院沈镇宙

沈镇宙，我国著名肿瘤外科学家，曾兼任中国抗癌协会副理事长。

在病人眼中，"沈镇宙"三个字意味着放心。有没有肿瘤，到底是良性还是恶性，沈镇宙常常一摸就准。做手术，病人要找沈镇宙，前来求诊的患者和要求会诊的同行总是络绎不绝，甚至还有病人自欧美、大洋洲等地，不远万里慕名而来。凡是目睹过他做手术的学生，都很难不被他的一双巧手所折服。他被誉为"东方神手"。

年近九十的沈镇宙主要研究方向为乳腺癌的早期诊断、综合治疗、个体化治疗及相关的基础研究，曾主编《乳腺肿瘤学》《乳腺疾病综合诊断学》《中华手术彩色图解——肿瘤外科手术图解》《肿瘤外科手术学》等专著。曾获国家科技进步奖二等奖、中国抗癌协会科技进步一等奖、卫生部科技进步奖一等奖、上海市科技进步奖一等奖等，并获得全国卫生系统先进工作者、中国抗癌协会"有突出贡献专家奖"、"中国医师奖"、上海市劳动模范、上海市"医德之光"奖等多项荣誉。

"'神手'这两个字，真的不敢当，我只是多了一些经验而已。"面对赞誉，沈镇宙只是淡淡地说。

不忘医者初心

"我热爱外科事业，我舍不得放弃外科工作。"

1957年，沈镇宙毕业后就到肿瘤医院工作。他始终坚持每天上午6点进病室查看病人、换药，再马不停蹄地上手术台、门诊，业余时间阅读医学文献，以数十年如一日的行动诠释了"为理想敢于吃苦、勇于实践"的医者初心。

1958 年，血吸虫病侵袭上海，沈镇宙被派往嘉定消灭血吸虫。医疗队每天下午 6 点到 10 点要挨家挨户为农民打一次针，打完后又要连夜准备第二天 2 点到 5 点的注射工作。沈镇宙和同伴常常背着药箱在崎岖的乡间小路上奔走，三四个小时不停地走路、打针。即使在这样艰苦的环境中，沈镇宙还成功对一位急性阑尾炎的患者实施了阑尾切除手术。第一次临床手术实践的成功进一步增添了他对外科医疗工作的信心。

1978 年，连续做了几天手术的沈镇宙因劳累过度患上了严重的病毒性心肌炎。医院领导出于对他健康的考虑，建议他离开外科岗位，但沈镇宙心里始终惦记着病人，坚持要留在外科。为了尽快回到手术台前，他一边治疗，一边锻炼，患病后 8 个月就又回到了他熟悉的手术台前。病休半年期间，他也丝毫没有懈怠对自己的要求，对肿瘤医院 20 年间的乳腺癌手术治疗资料做了总结，随访率高达 99%，并根据这些资料写了几篇有影响的文章。

在沈镇宙心中，患者永远是第一位的。虽然沈镇宙是科室主任、名教授，年纪又长，但他总是坚持病房巡视，就连周末和节假日也常常到医院看望手术后的病员，观察他们的恢复情况。在他的门诊日，总有来自五湖四海的求医者从凌晨一两点钟就开始排队等候挂号，而为了满足这些千里迢迢前来求诊的患者需求，沈镇宙主动提出增加门诊挂号。每次门诊，他都从上午 8 点一直看到下午 2 点，不吃饭，不休息，自始至终以认真负责、和蔼可亲的态度对待每一个病人。

"神手"创造奇迹

"他手里的纱布还没湿透，一台乳腺癌根治手术就完成了。真是难以想象。这种独特而精准的手法，……整台手术简直就像完成了一件艺术品的雕琢。"

"乳腺癌治疗好坏的标准，是让病人在最小的伤害中，获得最有效的治疗。作为医生，不应该让病人再一味地忍受，而应该用循证医学的方法，减少她们的支出、减少她们的创伤，又能让她们获得最好的治疗。"沈镇宙是这么说的，也是这么做的。

20世纪70年代，乳腺癌在国内的研究和临床治疗都还处于起步阶段，术后一旦出现肿瘤转移，只能眼睁睁地看着肿瘤吞噬生命。晚期患者大多只能在家里忍受痛苦。为了减少患者及其家属的创伤与痛苦，沈镇宙开始致力于研究肿瘤转移的机理研究，在图书馆仅有的几本国外期刊里寻找解决问题的蛛丝马迹。1979年以后，在沈镇宙的带领下，肿瘤医院在国内首开乳腺癌的术前化疗，通过术前、术后综合治疗，乳腺癌患者的总体生存率有了明显提高。

为了对患者开展既规范又个性化的诊疗，沈镇宙率先在院内开展术前、术后辅助治疗的研究与激素受体的检测，在国内较早应用于临床，引领了乳腺癌分型治疗的理念。为了更好地改善乳腺癌患者术后的形体及心理状态，从1995年起，沈镇宙协调各方资源开展乳腺癌保乳手术和术后放疗，使更多患者在术后的正常生活几乎不受影响，并保持对生活的信心。

有一次，沈镇宙的门诊来了一名80多岁的高龄女性患者，自述乳房内长了一个约20厘米直径的巨大肿瘤，全国多家医院的专家会诊都认为手术风险很大，家属怀着最后一丝希望前来求诊。沈镇宙经过仔细体检后，当即判定这是一例非常罕见的乳腺间质肉瘤，与乳腺癌的生物学行为不同，并指出手术虽然有困难，但却是唯一可以治愈的途径。经过严密的术前准备，他为这位高龄患者成功切除了肿瘤并作了局部皮肤的修复。多年来，像这样经沈镇宙诊治后痊愈的肿瘤患者不计其数。

守护生命希望

"科室要想有持续的发展，必须培养好年轻的医生，建立科室的梯队，医院的事业才能后继有人。"

沈镇宙非常重视新人的选拔和人才的培养。20世纪80年代出国热潮盛行时，沈镇宙预感到如果不及时引进人才，肿瘤外科将很快面临青黄不接的窘境。他多次写信给曾经的学生邵志敏，请当时正在国外从事乳腺癌研究工作的邵志敏回国开展工作。邵志敏被恩师的一片爱国赤诚深深打动，毅然放弃国外优厚的条件回国效力。沈镇宙力荐邵志敏作为乳腺癌学科的带头人，并为他提供良好的科研工作条件及最好的待遇，协助他组建了乳腺外科。

在复旦大学附属肿瘤医院的乳腺外科，有一支沈镇宙精心培育的人才梯队。邵志敏、沈坤炜、吴炅等一批年轻有为、在专业研究领域颇有建树的拔尖人才，在乳腺癌的治疗和研究方面取得了丰硕的成果。做过沈镇宙学生的人都知道，他十分爱惜学生，对他们从来没有架子，甚至从不直乎其名，而是称呼"某医生"。在做学问方面，沈镇宙经常鼓励学生要学会创新，敢于向老观念挑战。他从不计较个人得失，每当有大的科研攻关项目或评奖时，他往往是主动让贤，为年轻医师提供展示个人才华的舞台。

1996年，沈镇宙为一位香港女士进行了乳腺癌根治手术治疗，挽救了她的生命。他多次婉言谢绝患者家属准备的高额礼金。患者一家最终被沈镇宙的高尚医德深深打动，决定向肿瘤医院捐出人民币100万元作为抗癌奖励基金。沈镇宙提议拿出一部分成立乳腺癌患者俱乐部，为患者后续治疗提供服务。2003年，他牵头成立了上海市第一个乳腺癌患者俱乐部——妍康沙龙。沙龙成立后，定期开展专题讲座，介绍乳腺癌的防治措施、康复、饮食、功能锻炼、术后辅助治疗知识，向患者免费赠送有关防治乳腺癌的刊物，组织乳腺癌手术后治愈的患者组成患者互助会志愿者，为新患者介绍治疗方法、做思想工作，进行交流、开展活动，借此达到心理支持和心理治疗的目的，帮助患者走出癌症的阴影，重新树立起战胜病魔的勇气，受到了广大患者的欢迎和社会的好评。

截至2021年12月，妍康沙龙的在线会员已经超过8.9万人。即使年逾古稀，沈教授依然为妍康沙龙的病友提供义诊，给予鼓励，并在沙龙所组织的各类慈善活动中用自己的实际行动鼓舞着患者，激励着一代又一代的年轻医护们为乳腺癌患者的身心康复奋斗终身。

谈及自己的成就，沈镇宙总是淡然地说："医生行分内之事，并不需要患者感激涕零。医生给予病人健康，病人使医生成熟，医患关系实则是血脉相连的关系，互相依附，彼此而生。如果能够因为我而使病人重新拾回继续他们生命旅程的机会，这便是再荣幸不过的事了。"医

医德之光

陈灏珠

复旦大学附属中山医院　主任医师、终身荣誉教授
上海市心血管病研究所　名誉所长
中国工程院　院士

一辈子研究一颗"心"

——记复旦大学附属中山医院 陈灏珠

陈灏珠，中国当代心脏病学主要奠基人之一，中国第一个提出"心肌梗死"医学名词的医生。

2020 年 10 月 30 日凌晨，96 岁的陈灏珠永远离开了他一生热爱的医学事业。中国当代心脏病学痛失一大支柱人物。

作为中国第一个提出"心肌梗死"医学名词的医生，陈灏珠一生治疗了数万名心血管病人。"勤学获新知，深思萌创意，实干出成果。"这是陈灏珠的座右铭，也是他教导晚辈最常说的一句话。

不为良相　愿为良医

"我注定要成为一名医生。"

1943 年，在抗战的烽火中，19 岁的陈灏珠迎来了人生的第一个重要选择。高中成绩优异的他，同时接到了医学、工程和化学的大学专业录取通知。短暂的犹豫后，国立中正医学院成为他人生下一站的目标。多年以后回顾这个选择时，他淡淡地笑着回应："范仲淹说过，'不为名相，便为名医'嘛，我注定要成为一名医生"。

在战乱流亡中，陈灏珠随着国立中正医学院学完了 5 年的理论课程，由于学习成绩优秀，1948 年他被推荐到中国人自己创立的第一所大型综合性医院——原国立上海医学院附属中山医院实习。实习一年期满正式毕业时，上海已经解放，他应聘留在中山医院内科工作，从此踏上了临床医师的道路。从实习医师到住院医师，再到主治医师，他在中山医院集体宿舍整整度过了 6 年的时光，几乎没有节假日。尽管如此，6 年期间他还是利用一切空余时间，博览医学典籍，努力把学到的知识应用到实践中去，并在实践中积累了丰富的临床经验。

1950 年，国家号召广大医务工作者在上海市郊区为中国人民解放军防治血吸虫病工作，当时工作条件非常简陋，进行静脉注射锑剂治疗危险性也很大，但陈灏珠毅然报名参加，经他悉心治疗的解放军战士无一发生意外或严重并发症，为此他立了三等功。1951 年，他响应号召参加了上海市抗美援朝医疗队，在东北军区第二陆军医院救治前线转送下来的伤病员，同时帮助创建东北军区军医专科学校（现南方医科大学的前身），获中国人民志愿军后勤卫生部颁发的立功奖状。

1975 年，美国巴茨博士来华访问时突发心肌梗死，陈灏珠临危受命，为维护国家的尊严，他征得卫生行政领导的支持，婉拒美方派医务人员来华主持抢救的要求，在十几天的严密监护对症治疗中，他日夜守在病人身边，以坚定的信念、高超的医术、一丝不苟的责任心，使病人最终脱险，康复回国。这次重要的抢救，得到两国政府的密切关注，关系到尚在萌芽期的两国人民互信关系的建立。1976 年美国《内科文献》杂志对此详细报道，同时发表美国专家给予的高度评价："中国医务工作者纯正的热忱、良好的愿望和他们的献身精神现实地提醒了我们，不论政治制度如何，这些品质是可以而且应该坚持的。"

1978 年起，陈灏珠先后担任上海市心血管病研究所（设于中山医院内）副所长、所长、名誉所长，世界卫生组织专家咨询委员会委员及心血管病研究和培训合作中心主任。这期间，他团结全所同志努力工作，先后建立心内科专科门诊、心血管病监护病室、心导管室和超声心动图诊断室等。此外，还完成市内和国内许多会诊和抢救任务，配合心外科进行手术治疗。他所领导的心内科，先后被定为国家教委和卫生部的重点学科、"211"工程发展规划重点学科、上海市医学领先专业及上海市心血管临床医学中心。他在耄耋之年仍不忘拯救病人疾苦和救死扶伤的天职，直到 92 岁高龄仍坚持查病房诊治患者，继续为人民健康事业奉献。

深思笃行　术精岐黄

"他对新的病例、新的知识从未停止关注，真正是'活到老学到老'。"

翻开陈灏珠的专业履历，看到最多的词语是"率先""第一"和"首创"。

1954 年，陈灏珠在国内率先报告用单极导联心电图诊断急性心肌梗死，在国内首先应用"心肌梗死"的病名并沿用至今，为目前我国学术界公认的诊断称谓。

60 年代，他率先用活血化瘀法治疗冠心病并阐明其原理，是我国研究动脉粥样硬化和与之相关的血液脂质变化的先驱者之一；他在我国率先施行左心导管等检查，提高先心病、风心病等结构性心脏病的诊断水平。

1968 年，他与心脏外科石美鑫教授合作，施行国内第一例埋藏式起搏器的安置术，成功治疗完全性心脏传导阻滞病人。

70 年代，他率先主持进行我国健康人大规模血脂含量的调查，研究出的我国健康人血脂值，经过 80 和 90 年代继续观察，被认为准确可靠。

1972 年，他率先用电起搏和电复律治疗快速性心律失常，达国际先进。

1973 年，他与市第六人民医院合作，在国内第一次成功施行选择性冠状动脉造影，从而掌握诊断冠心病的"金标准"。

1976 年，他面对一名奎尼丁所致室性快速心律失常危重病人，国际首创用超大剂量异丙肾上腺素静脉滴注取得成功，相关治疗方法在国内外推广。

1991 年，他率先在国内报告血管腔内超声检查用于诊断冠状动脉粥样硬化，能显示冠脉造影所不能显示的病变，进一步提高冠心病的诊断水平。

他主编专著 12 本，参编 30 余本。主编的《中国医学百科全书》《内科学》第三至四版、《实用内科学》第十至十四版、《实用心脏病学》第三至五版、《心脏导管术的临床应用》第二版等均是国家水平之作。尤其《实用内科学》是凝结 60 余年来几代上海医学院内科专家集体心血的力作，他四次担任主编，出色完成承前启后、继往开来的工作。

2020 年新冠疫情暴发后，鲐背之年的陈灏珠依然保持与中山医院心内科主任医师王齐兵的学术交流，分析新冠肺炎引起的心血管并发症。王齐兵说："对新的病例、新的知识，陈老从未停止关注，真正是'活到老学到老'。"

仁心仁术　桃李成蹊

"每一天，无论您是否意识到，您都在改变着学生的生活。"

在陈灏珠的信念里，医生的职责是救死扶伤，如果一个医生的力量有限，那么就让更多的人加入医生的队伍。他行医 70 余年，始终不忘悬壶济世，坚持到最艰苦的地方去，救治最多的病人，教出最好的学生。

1968 年，他作为中山医院医疗队的一员来到贵州省威宁县巡回医疗，为边远山区人民特别是少数民族群众服务。面对艰苦的生活条件和缺医少药的医疗状况，他用高尚的医德、精湛的医术赢得了当地群众的尊敬。为了提高当地的医疗水平，他还在百忙之中抽出时间培养了一批当地基层医生。1969 年，云南通海发生大地震，他参加上海市抗震救灾医疗队连夜飞赴灾区，和同事们不畏余震，风餐露宿，不分昼夜地抢救伤病员，控制灾后传染病，帮助解决疑难杂症，直到最后一批撤离。

他一生培养博士后 4 名、博士 51 名、硕士 24 名及大量进修医师和医学生，他们中的许多人已成长为知名心血管病专家。他的学生，中国科学院院士葛均波教授曾动情地说道："每一天，无论您是否意识到，您都在改变着学生的生活。"

2007 年，年近古稀的陈灏珠与家人捐赠人民币 100 万元，通过复旦大学教育发展基金会创立"复旦大学陈灏珠院士医学发展基金"，至今已资助超过 200 名品学兼优但家境贫困的医学生。为响应习近平总书记提出的"精准扶贫"战略，基金启动"生命之花"项目，连续五年举办"沪滇心血管内科新进展培训班"，陈灏珠亲自授课，为云南省培养基层人才近 250 名；连续五年举办"沪滇心血管介入诊疗规范化培训带教进修班"，为云南省培养心血管介入领域急缺人才 50 余名。2017 年，他发起针对西部贫困家庭的救助项目"心·肝宝贝"医疗公益计划，全程资助并成功救助 60 余名云南省先心病和肝病患者。在基金会举办的"复旦大学上海医学院医艺承扬大讲堂"上，陈灏珠为医学院学生作了开幕演讲——"做个好医生"。

2016 年，在"敬佑生命·荣耀医者公益评选活动"中，陈灏珠获得最高奖——生命之尊奖。他眼含热泪，在答谢词中说道："我和我的同道，没有一个不是热爱着这份事业！"2020 年，陈灏珠院士又荣获上海市首届"医德之光"奖项。的确，他深深扎根于医学土壤中，用七十年如一日的无私奉献，诠释了一名医者对祖国、对人民、对事业的无限热爱！医

医德之光

周礼荣

上海市第一人民医院宝山分院　主任医师、手显微外科主任
上海市显微外科学会　副主任委员

显微外科的"铁人"

——记上海市第一人民医院宝山分院周礼荣

周礼荣,在中国农村县医院创建了第一个显微外科,被誉为"在农村医疗战线创造奇迹的人"。

周礼荣五十多年的行医岁月当中,有一些很让人惊叹的数字:他主刀的手术达到 1 万多例、显微外科手术有 2000 多例,成功率高达 93.5%;他 24 小时内连续完成手术的记录是 13 例,最长的手术时长是 36 小时,接活断指的断离人体最长时长达 40 多个小时。

石油行业的"铁人"是王进喜,显微外科的"铁人"叫作周礼荣。

青春献给远方

"郸城是我的第二个故乡,郸城县人民医院的发展、郸城群众的健康,时刻牵挂着我的心。"

1958 年,周礼荣从上海第一医学院医疗系毕业。风华正茂、意气风发的他,做了一个让人意想不到的决定:响应祖国号召,到祖国最艰苦、最需要的地方去,选择前往河南郸城工作。这一去就是 36 年。

当时的郸城是黄泛区,生活环境异常艰苦,住的是草房,吃的红薯干,既没照明电又无自来水,人们常常处于饥饿状态。生活条件尚且如此,医疗环境就更恶劣,流脑、乙脑、伤寒、白喉等疫病不断流行,医疗工作面临诸多困难。周礼荣揣着五年医学基础知识和实践时学的一些小手术经验,遇到的却是五花八门、又急又重的疾病,经验不足的他只好"从战争中学习战争",一边尽职工作,刻苦钻研,一边挑灯夜读，拼命学习。就这样，胆大心细的他在简陋的条件下，完成了一例又一例难以想象的诊治，挽救了无数病人的生命。他曾 9 次用自己的鲜血抢救危重病人，成功地施行了很多普外科大手术，如食管、肺切除手术，大网膜游离移植，甚至成功切除了腹部超体重肿瘤。

手术条件不足可以想办法，但最让周礼荣揪心的却是当地人民医疗意识的薄弱。他利用业余时间对当地农村的卫生医疗状况进行大量的调查研究，发现农村生活水平低下造成村民的医疗意识薄弱，"大病小治，小病不治"的观念导致一系列的严重后果。他更看到许多劳动者因四肢伤残不能正常工作生活，使得经济发展同疾病之间形成恶性循环。周礼荣觉得，医生在病人面前束手无策是最大的痛苦，强烈的责任感和使命感激励着他去寻求解决问题的途径。他下定决心要做断肢再植。然而，这在小医院谈何容易？多少人说他是白日做梦、异想天开，可周礼荣认准了这条路。他开始如饥似渴地学习相关知识，在实践中一点一点摸索……1975 年 11 月，周礼荣用 13 个小时实施第一例断臂再植手术获得成功；1977 年，又实施手指大部断离及手掌断离再植获得成功；1986 年，周礼荣接诊了一位十指断离的患者，他大胆地决定，要为患者"再植九指"，在条件艰苦的农村，周礼荣凭着精湛的医术和坚定的信念，完成了十指断离再植九指全部成功的案例，受到国内外同行的一致赞誉，光荣载入我国手外科史册。

要改善当地的医疗，就要逐渐建立规范的医疗体系。1979 年，在周礼荣的努力下，郸城县人民医院创建了全国第一个县级医院显微外科；1983 年，又在郸城县人民医院建立河南省显微外科研究所。周礼荣获得河南省重大科技成果奖，受到中央卫生部的重大奖励，光明日报为其出版了《人民的好医生周礼荣》一书，全国多家报纸纷纷报道了"在农村医疗战线创造奇迹的人"。他先后被评为全国卫生先进工作者、为国家有突出贡献中青年专家、人民的好医生、河南省劳动模范、河南省优秀共产党员、河南省优秀专家等荣誉称号，是第六届全国人大常委会委员、主席团成员。

夕阳献给故乡

"他诊治的每一个病例都是一本教科书，他做的每一台手术都是一部示教片。"

1994 年，60 岁的周礼荣作为引进人才来到上海市第一人民医院宝山分院（吴淞中心医院）。经过短暂而紧张的几个月准备，手外科、显微外科中心正式成立，并对外诊治病人，从而填补了上海东北地区医疗业务上的一项空白。回到上海以后，周礼荣以一位老党员对事业的满腔热忱，全身心扑在手外科事业上，甚至顾不上自己的家人。1996年，他家中先后有4位亲人去世，其中还有他最疼爱的女儿，但为了手术台上的患者，他把悲痛深埋心底，没能参加女儿的葬礼。

在周礼荣的时间表里，没有休息日，更没有节假日。2003年1月的一天，周礼荣刚做完手术下班到家，值班医生来电说科里来了位右小腿完全断离的外地患者，他听后马上赶回医院，上手术台一站就是10多个小时，断腿再植完成。可回家不到3个小时，电话骤起，病人休克，呼吸衰竭。放下电话他就赶回医院抢救，病人输血2000 ml，病情逐步稳定……再次回家后不久，由于病人躁动，固定的骨折松动变弯，他又得赶回医院手术……一天一夜让他累得筋疲力尽，但手术成功了，他觉得一切的付出都是值得的。

2004年4月的一天，一位陈姓患者右手掌不慎被冲压机完全压断，诊断发现患者右手自手掌近三分之一处断离，第2—5指所有肌腱撕脱，掌骨粉碎性骨折，组织挫伤严重，伤口机油污染，拇指自掌指关节断离，情况非常严重，再植成活的希望十分渺茫。周礼荣表示，只要有百分之一的希望，就要尽百分之百的努力。他带领医护人员大胆果断对患者施行再植手术，手术从当日下午4点30分持续到次日上午7点30分，经过15个小时的不懈努力，断掌再植成活。手术后病人说："我躺在手术台上都受不了，真不知你们医生怎么过来的。"连续地高强度进行手术，就是一般的医生都难以支撑，更何况当时的周礼荣已经年过花甲，因病切除了一边肺叶。

每天清晨，周礼荣都会利用晨会时间给科室医生护士讲课。除了理论教学外，他还轮流带学生们参加手术，示范手术技巧，手把手教他们如何进行显微外科实验和显微外科手术。青年医生说："他诊治的每一个病例都是一本教科书，他做的每一台手术都是一部示教片。"在他的带教下，年轻医生们技术提高很快，上海市第一人民医院宝山分院手外科也已经成为在上海市享有一定声誉的特色专科。

而今，"手显外科中心"已经被上海市卫生局批准为首批医学领先专业特色专科，周礼荣也先后获得国家五一劳动奖章、全国先进工作者、上海市劳动模范、上海市优秀共产党员、上海市第二届高尚医德奖、上海市"医德之光"奖等荣誉称号。

生命不息，战斗不止

"老骥伏枥，志在千里，是我的座右铭，选择了医生，就是选择了奉献……"

1996年11月，周礼荣被查出患了肺癌。在住院手术治疗期间，他仍念念不忘医院和科室的学科建设。在强烈的事业心和敬业精神驱使下，他忍受着肺癌手术化疗后的种种不适，仍以顽强的毅力继续坚持工作。

2004年11月，周礼荣办理退休手续，作为年过七旬的医务工作者，他可以说是功成名就，该到安享晚年的时候了，但他仍对工作充满热情，返聘任科主任、顾问至2010年。他说："老骥伏枥，志在千里，是我的座右铭，选择了医生，就是选择了奉献……"

上海市第一人民医院宝山分院在手显微外科再次申报新一轮上海市特色专科时，遭遇了一个巨大的困难：在只剩两个月的时间里，整个课题设计却要动"大手术"。困难并没有难倒年迈的周礼荣，他说："一定要打赢这场擂台赛！"他用50多天的时间，查资料、理素材、搞设计、写材料，每天只休息两三个小时……不到两个月的时间里，2个专题课题设计、1篇重点专科申请书、2万多字的文字资料、100张图文并茂的幻灯片做出来了。周礼荣用几乎不眠不休的两个月，外加一场重感冒，换来了手外科再次申报市重点特色专科成功的喜讯，在全市128家申报单位中，成为最终通过审定的30家单位之一。

在郸城县人民医院的花园里，有一块写着"大医精诚，妙手仁心"的花岗岩石雕，这是周礼荣的亲笔题词，也是对他的真实写照。他用"生命不息，战斗不止，与其等死，不如干死"的实际行动，诠释着新时代显微外科"铁人"的精神内涵。医

施 杞

上海中医药大学附属龙华医院　主任医师

上海中医药大学　终身教授、专家委员会主任委员

大道岐黄，薪火相传

——记上海中医药大学附属龙华医院施杞

施杞，上海石氏伤科第四代传人，杰出的中医学教育家，用中医药疗法治疗颈、腰椎病人超过 30 万人次，有效率超过 90%，降低了骨伤疾病复发率和手术率。

施杞，1937 年 8 月生，祖籍江苏东台，1963 年毕业于上海中医学院医疗系本科，曾任上海市卫生局副局长，上海中医药大学校长，上海市政协委员，中华中医药学会副会长，上海中医药学会会长，世界中医骨科联合会主席，中华中医药学会骨伤分会会长、名誉会长，上海中医药大学脊柱病研究所所长、名誉所长。现为上海中医药大学终身教授、博士生导师、大学及研究院专家委员会主任委员，香港大学名誉教授，上海石氏伤科第四代传人。坚持在中医骨伤科临床、教学、科研一线工作 59 载。

对于施杞来说，追求中医药的传承创新是他一生热爱的道路。

养路

"于仁厚处用心，于术精处用功。"

1963 年以优秀成绩从上海中医学院毕业留校后，施杞进入附属龙华医院骨伤科工作。他勤学苦练基本功，其间曾先后拜石氏伤科大师石筱山、石幼山教授为师，虚心求教，尽得石氏伤科流派薪传，还曾赴上海瑞金医院骨科、华山医院神经外科分别进修一年，为衷中参西、中西医结合打下良好基础。他多次率领上海市医疗队深入上海郊区、贵州山区，以白求恩同志为榜样，救治了大批血吸虫病患者，为 300 多名小儿麻痹症、烧伤患者施行手术，把温暖送到贫穷的农村千家万户。

说起施杞与中医之间的"缘分"，就不得不提到他的祖父。施杞的祖父是名医，擅长内妇儿科，兼从药业，名闻故里。小时候的施杞经常会跟在祖父的身边，看他给患者看病。在得空的时候，祖父还会给施杞说一些中草药，如王不留行、马鞭草等民间传说故事和历史上的一些名医轶事。看着一位位患者经过祖父的几剂药、几次诊治就痊愈了，这在年幼的施杞心中播下了一颗中医的种子。

从医后，虽然深深热爱着中医事业，但施杞也明白，中医要发展，在守正之余，还要创新，大力弘扬中医药特色优势，打造世界传统医药学高地，让世界和我们接轨，这是施杞作为中医追梦人长期奋斗的目标！为此，半个多世纪以来，施杞总结石氏伤科流派学术经验，聚焦颈、腰椎、四肢关节退变等为主的慢性筋骨病，以"十三科一理贯之"的整体观为指导，以药治、手法、针灸、导引等非手术疗法为手段，实施预防、治疗、康复、养生、治未病五位一体，医院、社区、医护、患者、家庭五环联动的防治模式，在此基础上构建了"中医骨内科学"创新范式及其理论体系，形成可行的临床路径。

他还在龙华医院骨伤科建立了示范病房，运用健康直通车形式将先进的诊疗技术和模式输送至社区，并在全国 8 个地区建立了大数据观察基地，系统地总结了慢性筋骨病的病理生理及临床特点和中医药临床疗效。他率领团队主编，并于 2018 年出版《中医骨内科学》，填补了学科发展空白，也奠定了我国中医骨内科学发展基础，相关研究成果于 2010 年获上海市科技进步奖一等奖。

铺路

"中国医药学是一个伟大宝库，应当努力挖掘，加以提高。"

为了能更深入诠释中医药的科学内涵，用世界语与西医学界沟通并走出国门，把中医药治病的奇迹疗效由黑箱变为白箱，施杞提出了"双向转化"的中西医结合科研思路："认真总结中医流派经验，积极向临床和现代基础研究转化，探索规律，阐明机理，获取成果，形成产业，及时转化反哺临床，进一步提升中医药创新发展水平。"

这个念头源自 1983 年，那是施杞行医的第 20 个年头。正当他热衷于探究医术并已小有成就时，市委调他担任上海市卫生局副局长，分管全市卫生系统中医及科研、教育工作。作为一个管理的门外汉，施杞在实践中磨炼成长，在市委、市政府领导下，带领同事深入实际、调查研究，努力开拓工作的新局面。全市医学科研不仅出现一批重大成果，还涌现出一批新秀人才，有的后来成为两院院士。当时的医学教育改革不断深入，特别是中等医学卫生教育成为全国样板。中医药工作蓬勃发展，在短短几年内解决了长期遗留问题，实现每个区县均建立一所中医院。他还主持建立了上海市中医药研究院，在诸多方面为全国提供了上海经验。他倡导的"建上海队，创中华牌"的口号，为上海创建亚洲一流医学中心作出了贡献。这段经历让施杞更深入地体会了当年毛主席说过的话："中国医药学是一个伟大宝库，应当努力挖掘，加以提高。"

于是，30 年来，他带领团队布局了气血、肾精、痰瘀、骨代谢、骨肿瘤五大研究方向，先后中标了国家级部级市级各类科研课题 200 余项，发表论文 669 篇，其中 SCI 收录 137 篇，获得国家科技进步奖二等奖 2 项、上海市科技进步奖一等奖 3 项、其他部市级一等奖 9 项，其中，中华医学科技奖一等奖是迄今全国中医界唯一得主。他在研究中发现并总结"动静力失衡"是慢性筋骨病的生物力学基础，在国际上率先发现椎间盘退变存在"三期变化"规律及中医药调控路径，发现"肾藏精"与神经、内分泌、免疫、微环境变化存在高度相关性，发现补肾益精中药可有效调控骨代谢相关通路。他获得授权国家发明专利 19 项，开发出中药新药"芪麝丸"，实现新药及专利成果转让 8 项。

他坚持创新驱动，组建了一支优秀的中医骨伤学科团队，成为教育部"创新团队"、国家科技部重点领域"创新团队"。国家中医药管理局传承创新团队和首批全国黄大年式教师团队。他成立国际华人骨研究学会与上海中医药大学联合研究中心，主持 10 届国际生物学术会议，研究成果获得国内西医同行认可，也让中医逐渐走出国门，推动了中医药国际化。

引路

"山下兰芽短浸溪，松间沙路净无泥，萧萧暮雨子规啼。谁道人生无再少？门前流水尚能西！休将白发唱黄鸡。"

1998 年末，从上海中医药大学校长岗位上退下来后，已是 62 岁的施杞坚持共产党员退位不下岗的责守，又回到曾经培养他的龙华医院骨伤科，先后成立了工作室和脊柱病研究所，带领全科年轻人，遵循"继承、创新、现代化、国际化"的目标，踏上了科室医教研发展新道路。而今的龙华医院骨伤科，是上海市医学重点学科、国家重点学科、教育部重点实验室、国家中医临床研究基地，并成为全国有影响力的中医骨伤科硕士、博士、博士后及师承教育培养基地。施杞本人先后获评全国骨伤名师，首届中医药传承特别贡献奖，上海市"医德之光"奖，全国第二、三、四、五、六、七届名老中医药专家学术经验继承人导师，首批国家非物质文化遗产"中医正骨"代表性传承人。

在和学生的相处中，施杞常说的有两句话。一句是："新世纪中医人才，要以中医药理论和历代名医临证经验为继承主体，以弘扬传统文化和汲取现代科学技术为创新两翼。"另一句是："医生对党和祖国要有忠情，对人民要有热情，对事业要有真情，对集体要有感情，对家庭要有温情，对生活要有激情。"

他创立引路、铺路、养路"三路育人"人才培养模式，先后培养硕士研究生 45 名，博士研究生 48 名，指导博士后 5 名，学术继承人和高徒 47 名；带领团队培养硕博士研究生 400 余名。分布全国 22 个省市及海外，已有百余人成为省市级中医学科骨干，其中有博士研究生导师 30 名，省级名中医 6 名，以及国家岐黄工程首席科学家、岐黄学者、国家杰青、长江学者、国家"973"首席、全国百篇"优博"、全国劳动模范等。

看到学生一批批从研究所走出，研究所也始终生机勃勃，施杞常诙谐地说："在中医药的道路上，我现在可以安心做养路工了！"在他的研究室窗外，以中医骨伤科和肿瘤科为核心的"国家中医药临床研究基地"已绘成蓝图。那里将建成一座能容纳 397 张床位的新病房大楼和 1.3 万平方米的科研大楼。在不久的将来，越来越多的中医科研成果将在此地一个个诞生。医

医德之光

顾玉东

复旦大学附属华山医院　　主任医师、教授、手外科主任

上海市手外科研究所　　所长

中国工程院　　院士

妙"手"回春

——记复旦大学附属华山医院顾玉东

顾玉东，手外科、显微外科专家，新中国手外科奠基人，在手外科领域创下了数项世界第一。

中国工程院院士，复旦大学附属华山医院手外科主任、教授、博士生导师，上海市手外科研究所所长，中华医学会手外科学会名誉主任委员，中华手外科杂志总编辑，卫生部手功能重建重点实验室主任……一个个显赫头衔的背后，是顾玉东一辈子对"手"的研究。

与"手外科"结缘

"手外科是新兴学科，急需医学基础很好的人，你正合适。"

顾玉东和"手外科"的结缘其实颇有一些戏剧性。

1953年，16岁的顾玉东在中考志愿表上一笔一画地填上了"上海市卫生学校"，帮他做下这个决定的，是6年前的一位内科王医生。当时，年仅10岁的顾玉东突发脑膜炎，高烧抽搐，正是这位王医生用一夜的守护将年幼的顾玉东从死神手中夺了回来。这一夜，救人心切的王医生从楼上摔落，直到早晨顾玉东的症状缓解了，才意识到自己的脚趾骨折了。虽然至今也不知道这位王医生的姓名，但无疑从那时起他就成了顾玉东的偶像，"内科医生"这个职业也深深刻在了顾玉东小小的心里。即使时至今日，顾玉东也常说："我想当一名像他一样的好医生。"

16岁考进上海市卫生学校，18岁卫校毕业被分配到上海化工厂医务室当医师，

19 岁在工厂领导的支持下考上上海第一医学院。这是第一所由中国人自己创办的医学院，一级教授占据全国医学界的半壁江山，顾玉东在此完成了 5 年的学习。在上医，贫乏的物质条件和众多的业界大咖相映成趣，顾玉东非常享受："听林兆耆教授讲内科学，每堂课都是一种享受；解剖系齐登科和郑思竞教授知识渊博，上课富有激情；病理学谷镜汧教授讲课生动，且注重和临床结合。"他好像找到了自己一直向往的人生状态。很多年后，顾玉东这样概括"上医精神"："苦学、淡泊名利、不被外界的纷繁浮躁干扰，专心做学问，专心看病，专心为人民服务。"正是在这种精神的鞭策下，在大学期间总共超过 1000 次的大小测验中，他全是满分。临近毕业，顾玉东选择内科心血管研究作为主攻方向，写的一篇关于心肌梗死的文章被《中华内科学杂志》成功录用。一切都向着"内科医生"的既定轨道稳步发展。

然而，1961 年，顾玉东从上医毕业时，却意外地被分配到了华山医院骨科。医院领导对他说："一是要服从组织分配、国家需求；二是你要去的骨科新分支——手外科是新兴学科，急需医学基础很好的人，你正合适。"就是这样一句话，顾玉东被说服了。谁也没想到的是：中国内科可能就此少了一位好医生，但手外科多了一位巨匠。

永远从零开始

"不要让病人带着希望来，带着痛苦走！"

双手掌心相对，十指相对，指指相接，看上去就像一个数字"零"。这是顾玉东很喜欢的一个动作细节。他说，在手外科的医学临床上，要追求的是"零"失败，然而自己所有的成果加在一起，还没做到这个"零"。

手外科是一个年轻的医学分类，1961 年顾玉东进入的华山医院手外科，是国内第一个手外科独立科室。刚诞生的手外科，就像一个呱呱坠地的婴儿，而对于顾玉东来说，一切都需要从"零"开始。从 1961 年到 1966 年，大量病患涌入这个新鲜的科室，印证了社会对于手外科的强烈需求。顾玉东更是没日没夜地扑在临床上，一干就是五年。

1966 年 2 月 13 日，是顾玉东很难忘怀的日子。这一天，他参与的世界第一例足趾移植再造拇指手术在华山医院进行。经过了 22 个小时的手术台鏖战后，顾玉东和他的伙伴们成功地通过足趾移植为病患再造了一根拇指。而此时，大洋彼岸的美国刚刚开始相关治疗方案的动物实验，距离首次成功还有整整 6 年时间。从"零"到世界第一，中国手外科仅仅用了 5 年时间。

然而顾玉东并不满足，在完成足趾移植再造拇指手术近 100 例之后，他有了 7 例失败，他还没能达到"零"失败的目标。"医生的职责就是给病人解除痛苦，手指没好，还少了一个脚趾，等于还增加了痛苦。"问题在哪里？带着不甘心，顾玉东一头扎进临床，又是五年。

1986 年，在治疗一位因交通事故上肢瘫痪的病患时，顾玉东创造性地从病人的健康手臂中取一根颈 7 神经借给患侧，使瘫痪的手臂恢复功能，独创了"健侧颈 7 移位术"。对此，国际著名臂丛专家纳拉卡斯（Narakas）在专著《臂丛疾病》中，高度评价道："顾（玉东）不仅在 160 多例患者中完成了膈神经移位，还完成了健侧颈 7 移位术，这是我们西方医生不敢想的！"

1987 年，顾玉东在足趾移植再造拇指手术中独创了"第二套供血系统"，终于在足趾移植手术领域中实现了他梦寐以求的"零"失败，也第一次获得国家科技进步二等奖。

有人说，顾玉东的身上有一种特别的魔力，他总能找到前进的方向，不管是面对成功还是失败。"健侧颈 7 移位术"能够成功的科学解释是什么？面对术后肌肉萎缩，如何恢复和重建手内部肌的功能？这些难题不断激励着顾玉东，他再一次从"零"出发。

扶贫攻坚战中的"白求恩"

"通过医教协同，方可深入扶贫、精准扶贫，实实在在地扶贫，造福更多病家。"

在华山医院手外科，每年的 3 月 3 日都是一个特殊的日子。这一天，全科都要重温白求恩精神，还要颁发科室内的"白求恩奖"，这是顾玉东立下的规矩。他说，3月3日是白求恩同志的生日，一个出身优裕的外国人，不远万里地来支援中国人民的解放事业，体现的是医生的"大爱"，是值得每一个医生一辈子学习的。

2019年，顾玉东参加上海韩哲一教育扶贫基金会在宁夏银川正式拉开了"医教扶贫中国行"首站的帷幕。经过精心筹备，顾玉东团队中的华山医院副院长、手外科徐文东教授，手外科沈云东副教授带队为当地开展了两台"健侧颈7移位术治疗中枢性偏瘫"的手术示范教学。华山医院手外科团队手把手地教授指导，为宁夏同类手术的开展、开拓提供了参考与范本。徐文东教授介绍说，针对中风等脑损伤导致的上肢偏瘫，通过手术将健康侧的颈神经，移至瘫痪侧的颈神经，让偏瘫上肢与同侧健康大脑半球相连接，以此激发健康大脑半球的潜能，借助"手—脑"互动，单侧手臂瘫痪患者有望恢复上肢功能，"而这，正是基于老师顾玉东30多年前国际首创'颈7移植'的新拓展"。

在武警宁夏总队医院手外科，顾玉东团队定期提供技术咨询、手术指导、疑难病例指导、学术报告等，帮助当地学科技术得到全面提升。韩哲一教育扶贫基金会还发挥"互联网＋"优势，开展远程查房、远程教育、远程会诊等工作，通过常态化帮扶，致力为当地培养一支理念先进、水平过硬的技术队伍，提升学科整体医疗水平，服务更多百姓。这也意味着，国内手外科最高水准的医疗理念、适宜技术，已在西部地区扎实生根。顾玉东说："通过医教协同，方可深入扶贫、精准扶贫，实实在在地扶贫，造福更多病家。"

在顾玉东的办公室里，除了他从医半世纪所获的各类证书，还有自1963年起，他坚持为患者制作的病历档案和病历卡片，也许正是几十年如一日的积累，和对病患真切的关心，才助他一次次突破医学禁区，让中国手外科屹立于全球第一方阵。他说："医生的成长是无数病人用痛苦、鲜血乃至生命所作的奉献。用热情、责任、进取和无私回报病人，是医生的天职和受人尊敬之处。"医

医德之光

廖美琳

上海市胸科医院　　主任医师、教授、肺部肿瘤学首席专家

抗击肺癌路上的"巾帼领跑者"

——记上海市胸科医院廖美琳

廖美琳，中国肺部肿瘤学开拓者之一，中国肺癌发展史的见证者、参与者、奉献者。

80 多岁的廖美琳依然奋战在抗击肺癌的第一线，依然每日查阅最新学术资料，依然每周出诊，依然坚持参与疑难病例的讨论会诊，依然坚持课题研讨，依然坚持病房带教。她是中国第一批从事肺癌诊疗的医生，在中国的肺癌研究领域，是当之无愧的"执牛耳者"。

从医 60 余载，廖美琳先后荣获中国医师奖，全国文明建设先进工作者，全国卫生系统先进工作者，上海市科学技术进步二等奖、三等奖，上海市"医德之光"奖，上海市"十佳医生"，上海市劳动模范，上海市白玉兰医学巾帼成就奖，上海市医学荣誉奖，上海市三八红旗手等荣誉称号。先后主编了《肺癌》《肺癌诊治规范》《恶性胸膜间皮瘤》《肺部肿瘤学》《微小结节肺癌》等医学专著，参编专著 10 余部，在国内外发表论文 200 余篇。在医学道路上，身体力行，尽显泰斗风范。

在探索中前行

"当医生就要有勇气闯禁区，我的心中总充满了为什么，我想要找出答案。"

1957 年，廖美琳毕业于上海第二医学院，进入了同年建立的中国第一家心胸专科医院——上海市胸科医院。从此，她与抗击肺癌结下了不解之缘。20 世纪 60 年代，年仅 30 岁出头、还是主治医生的廖美琳，在治疗晚期肺癌患者胸水时，目睹粗大的引流管插入患者胸腔患者痛苦不堪的神情，常常感到自责和忧虑。经过无数个日夜的反复思考，她大胆地提出了新方法：用细硅胶管取代旧式的粗引流管，在实现胸水持续引流的同时，辅以药物注入治疗。这一新方法很快得到前辈的认可，一经临床运用，明显提高了病人的生命质量，在国内彻底推翻了传统的"恶性胸水不治"的观点。

70 年代初，国内肺癌发病率不断上升。上海市胸科医院开设了我国首个肺癌专科病房。廖美琳作为科室骨干，积极投入到新病房的创建中。自此，她的工作重心全部转移到肺癌的诊治和研究上，一做就是一辈子。

万事开头难，那个时候医生对于肺癌治疗几乎是束手无策的。廖美琳为解决临床上的棘手问题，图书馆成了她的第二个"家"。从教材到学术期刊，任何和肺癌相关的她都没放过，中文的看完了，就看外文的，遇上不熟悉的词，就一边查字典一边看，完全泡在了书堆里。这样读书的习惯，廖美琳一直坚持至今。80 多岁高龄的她，到现在还每天坚持查阅最新学术资料。

80 年代，她开始勇敢地挑战肺癌最棘手难治的小细胞肺癌临床研究，在国内首先提出小细胞肺癌化疗结合手术的多学科治疗，改变了以往认为小细胞肺癌不能手术的观点，将小细胞肺癌患者的 5 年生存率从 10% 以下提高到 36.3%。此后，她如斗士般地奋战在与肺癌抗战的第一线，在国内率先将靶向治疗运用于非小细胞肺癌的治疗，又成为国内首批探索肺癌免疫治疗的学者。"要将肺癌变为慢性病。"这是她的目标，也是她奋斗的方向。近年来，肺部微小结节的发病突增，廖教授怀着一颗赤子之心，全身心投入该领域的研究。2016 年，由她主编的国内第一部专著论述《微小结节肺癌》出版。

仁心造就仁术

"医为仁术，厚德方可为之治。"

廖美琳总是说："医生永远要把病人放在第一位！""文革"时期，年轻的她为了病人，毅然冒着被批斗撤职的危险，不停地跑图书馆翻阅资料，解决临床难题；而今，已进入高龄的她，为了病人，放弃含饴弄孙的天伦之乐，依然早出晚归，奋战在临床第一线。

对待病人，廖美琳一直保持着一颗"平常心"。有一次，她和几位同行专家共同为一位病人会诊，除她之外的几位专家都认为是肺癌，廖教授在细微处发现了特殊影像。本着对病人负责的原则，她立刻反复对比病人不同时期的片子，提出病人的病情可能是霉菌感染，并仔细阐述缘由，最终病人的病情发展证实了廖教授精确的判断。事后，有人问她，众专家意见一致，她这个时候提出疑义，难道就不怕砸了"权威"的牌子吗？廖教授笑着说："人要有一颗平常心，医学问题千变万化，放在眼前不弄明白怎么行呢？'权威'这些我是不想的。"

在胸科医院，廖美琳是出了名的"大忙人"。医院为了照顾她的健康，给她的门诊限了号额，但凡是远道而来的、郊区外地的病人，她总是给予照顾，上午门诊常常连到下午2点。看到那些外地病人因家境困难又人生地不熟、手足无措的时候，她还主动地为他们提供住院等一系列治疗信息，热心地对这些病人"负责到底"。繁忙的工作，不规律的进食和无法兑现的休息，使高龄的廖美琳患上了胃病、肠炎，但她心里装的只有病人。胃镜检查后的第二天，她强忍身体的不适，又毅然回到她的医生岗位。

"做一个让病人看得起的医生"，是廖美琳几十年行医生涯的一贯原则。这不仅要求医生有卓越的医术，更要有崇高的品德。她最不齿的就是以医谋私的行为。对于病家的馈赠，她一概婉言谢绝，对于药厂代表的推广，她也有自己的原则——是货真价实的、药效显著的，可以联名搞科研；对于纯粹推销，加重病人负担的，坚决予以抵制。

直立为梯

"一个人冒尖没有用，关键是看有没有培养好接班人。"

廖美琳在很多场合都说："作为学科带头人，要有自己的接班人，形成一支老、中、青的梯队，才能让前辈医生们的所学所得经久不息地流传下去。一个人冒尖没有用，关键是看有无培养好接班人。只有把接班人培养好了，后继有人了，才算真正的成功。"

作为胸科医院的首席专家，她义不容辞地承担起人才培养的艰巨任务。为了使更多的青年人才脱颖而出，她因人施教，制定培养计划，在严格要求的同时，因势利导，毫无保留地传授带教。在耄耋之年，廖教授的带教还保持着三个"坚持"：坚持每周病房带教查房，以她丰富的学识素养，为年轻医师仔细讲解具体临床问题；坚持参与科室疑难病例的讨论会诊，为年轻医师剖析难点，开发思路，引导他们深入探察医学奥秘；坚持每周科室内的课题研讨，亲自为青年医师修改论文、提供资料和数据，带领他们走上一条规范严谨的科研道路。病区里，经常可以看到 80 多岁的廖美琳和一群 20 岁出头的医学生围坐在一起，研读 CT 影像和典型病例。

廖美琳还为后辈搭好平台，汇集肺部肿瘤学方面的各国精英，举办"国际肺癌论坛"。从 2003 年至今，已成功举办十届。廖教授将潜心钻研的科研成果毫无保留地奉献给学术界的同行，更为年轻医师拓宽眼界、吸收最前沿的专业知识创造了有利的条件和平台。科里的年轻医师提起廖教授，一致称赞她"聪明"，80 多岁的老教授非常具有活力，对新鲜事物总保持着旺盛的好奇心和不倦的求知欲。她常对身边的年轻医师说："我有今天，完全是由于不断地学习、学习，再学习。"廖美琳有个夜间看书的习惯，在家每晚学习到 11 点，值班时就每晚学习到凌晨 1 点，几十年如一日。潜移默化当中，好学的廖教授也成了科里年轻人的学习榜样。

"今天我感到最高兴的是，我们肿瘤中心内科外科相互融合，互为支托，还积极推进多学科诊疗（MDT）建设，共同弘扬胸科特色专科发展。我的众多学生纷纷成长起来，并且已经挑起大梁，像陆舜、简红、陈智伟……"说起自己得意的学生，廖美琳一脸幸福。

在中国抗癌协会肺癌专业委员会主任委员吴一龙教授眼里，廖美琳是肺癌领域的全才。他说："廖美琳教授在肺癌研究上的独到眼光和开拓性探索，令人钦佩。非小细胞肺癌的新辅助化疗研究、外周血干细胞支持下的肺癌高剂量化疗、肺癌的预后因子研究，还有她专注的女性肺癌问题等，可以说，在肺癌研究领域，廖美琳教授总是执牛耳，是我们前进路上的领跑者。"医

医德之光

戴尅戎

上海交通大学医学院附属第九人民医院　主任医师、教授
上海市骨科内植物重点实验室　首席科学家
中国工程院　院士
中国医学科学院　学部委员
法国科学院　外籍院士

医工结合的"行路人"

——记上海交通大学医学院附属第九人民医院戴尅戎

戴尅戎，著名的骨科和骨科生物力学专家、形状记忆合金和 3D 打印医学应用的奠基人、中国人工关节领域的开拓者之一。

先后获国家发明二等奖，国家科技进步奖二、三等奖和部、市级一、二、三等奖 46 项，获得授权专利 140 余项；发表论文 600 余篇，主编、参编专著 70 余本；2003 年当选中国工程院院士，2014 年当选法国科学院外籍院士，2019 年当选中国医学科学院学部委员……在医工结合领域，戴尅戎是科学创新的先行者、理论创新的倡导者、高新技术的实践者和前沿理念的传播者。然而他说："我仅仅是早一些走过了前人铺设的道路。"已年过八旬的他至今仍工作在临床科研第一线，每天早出晚归，是病人、同事、学生公认的骨科王国的"主心骨"。

骨科的"个性定制员"

"促进医学与 3D 打印紧密联系在一起的根本原因，就是医学上自古以来面临的极大需求——'个性化'。"

1981 年，戴尅戎接触了一位需要做全距骨切除的肿瘤病人，而当时国际上根本没有替换距骨的假体，主治医师团队只能给患者定制一个人工距骨。"距骨是位于脚踝的十几块骨头里最重要的一块，这个人工距骨还要附带上面、下面和前面的关节面，同时还要有足够的承载、活动能力和稳定性，而距骨大小和形态是人人不同的。"这也是戴尅戎第一次接触到足部骨骼需要"个性化"定制的病例。通过多次数据计算、修改，团队最终成功地将定制的人工距骨替换下被切除的距骨。手术获得惊人的成功，患者术后能自如行动，无跛行、能骑车，甚至还能做轻体力劳动。

这次成功的"个性化"定制病例让戴尅戎对骨科的个性定制产生了浓厚的兴趣。他带领团队专门给一些患者陆续定做了膝关节、髋关节、肩关节，甚至还定做了半个骨盆。步入 20 世纪 90 年代后，3D 打印技术吸引了戴尅戎的目光。"3D 打印是一种手段，通过 3D 打印技术，可以创造出各式各样独具一格的产品，而促使医学与 3D 打印紧密联系在一起的根本原因，就是医学上自古以来面临的极大需求——'个性化'。"此时的戴尅戎与上海交通大学王成焘教授建立了良好的医工合作关系，共同将计算机辅助设计与加工技术和 3D 打印技术用于医疗。2013 年，他在九院成立国内第一家 3D 打印技术临床转化研发中心，并于 2015 年首先将金属 3D 打印的半骨盆假体植入人体，目前已用于髋、膝、肩、踝、腕关节和脊柱等部位，并推广用于口腔、整形、眼科等领域，建立了校级、市级、国家级 3D 打印医学应用研发中心，并在全国建立了 65 个分中心，为各个临床科室和各地提供个性化创新医疗器械的设计、制造和性能评价服务，造福于广大伤残、肿瘤、畸形等危重病人，取得良好效果。

回顾戴尅戎的从医路，他开创了我国骨科领域的许多"第一"：在国际上首先将形状记忆合金制品用于人体内部；建立了国内医院中第一所骨科生物力学研究室；创办了国内唯一的一本医用生物力学杂志《医用生物力学》；首先研发了骨粒骨水泥和国内第一代多孔表面人工关节；在国内最早将 CAD/CAM、快速原型技术、3D 打印技术等用于定制型人工关节，研制出十余种新型人工假体并取得多项国家专利；在国内率先推广转化医学理念并成立"干细胞与再生医学转化研究基地"。

病患的"贴心治疗师"

"医生眼里不能只有疾病、不见病人，要设身处地为病人着想。"

在外人看来，能让戴尅戎亲自"出马"的病人，肯定"身份特殊"。但实际恰恰相反，戴尅戎说："我最想为那些贫病交加、从外地来沪求医、无依无靠的病人看病、做手术。我的许多学生开刀水平都已经不在我之下，病人有他们，我很放心。而让我放不下心的，是那些有困难的最普通的病人。"这些病人才是戴尅戎心目中的"特殊病人"。有些病人不敢相信："戴院士，这手术真是您亲自为我做吗？"事实上，戴尅戎不仅参加手术，术后还亲自为病人换药，指导病人功能锻炼，建立术后康复中心。遇上经济困难的病人，他还悄悄多次为其垫付医药费。2002年，一位来自江西、退伍后家境困难的普通工人，右侧骨盆生了一个头颅大小的肉瘤。戴尅戎一方面用完美的定制型人工半骨盆置换手术保全了病人的臀部和下肢，一方面发动科室工作人员及社会团体募捐，帮病人走出因病致穷的困境。

在戴尅戎看来，医生要关心的，不仅是怎样为病人成功手术，还有病人怎样出院回家和锻炼。"有些外地病人要回家，可刚刚经历骨科手术的人可能很难承受舟车劳顿，有的病人因为一路颠簸，到家后关节或植入物又错位了，自己却不知道。这是我最不愿意看到的。"如果实在没有安排好怎样回家，他从不会急着让病人出院。"床位周转率固然重要，但不能为了下一位病人，让现在的病人出意外。"如今，推动术后早期康复、帮助有困难的病人顺利出院，已经成为九院骨科病房所有医生护士的惯例。

2008年汶川大地震时，戴尅戎不顾74岁高龄，冒着余震的危险奔赴四川灾区，九天中辗转成都、绵竹、广元等6个城镇的16家医院，及时安排救治重危伤员。作为卫生部抗震救灾三人专家组成员，提出了重危伤员的救治和转送意见，基本实现卫生部部长陈竺提出的"集中病人、集中救治、集中专家、集中支撑条件"的要求，与广大救灾人员共同努力，使处在死亡边缘的200余位重伤员得到及时、有效的救治，死亡率降到7%以下，圆满完成卫生部交付的重大任务。

行业的"交流引路人"

"我的名字摆在最后一个。如果出了什么问题，我好担着。"

医学要进步，一不能固步自封，二是要后继有人。在戴尅戎看来，躬身为桥架起国际交流，直立为梯提携后辈前行，是他必须做的事。

1983 年，戴尅戎去了一次美国。在那里，他遇到了来自世界各地的学者，这让戴尅戎萌生出一个想法：什么时候能让这些海外的华裔同行来到中国大陆，进行学术交流，看看大陆的实际情况。

1992 年，第四届全国骨科会议和国际骨科学术会议先后在上海召开，会议秘书长戴尅戎借着大批国外医学专家首次来华交流、许多欧美华裔专家和港台学者到会的绝佳机会，呼吁建立一个国际性的华裔骨科学会。

1994 年，在戴尅戎等人的不断努力下，华裔骨科学会成立大会暨首届学术会议在香港召开。1997 年，第二届世界华裔骨科学会在上海举行，400 余人参会，卫生部部长陈敏章特地到沪参会以示支持。1999 年，第二届亚洲太平洋人工关节学会（APAS）学术大会在上海成功召开，作为学会第二任主席兼永久秘书长的戴尅戎，在上海建立了常设秘书处，出版学会快讯《地平线》，在大会间隙举办学习班、手术示范演示，直到 2006 年才移交给其他同行。1997—2004 年，他在担任世界上最大的骨科内固定学术组织——AO 的理事期间，成立了 AO 校友会中国分会并任首届主席，在国内普及并推广"骨折内固定"的学术新理念，亲自组织翻译了相关书籍，举办学术研讨班。他深知，文化交流并不仅仅是标语式的空喊，也不是冠冕堂皇的说辞，而是理念与思想的交织，以及中外思维方法的融合，只有这样，才能推动骨科的学术进步。

如今，戴尅戎的学生中，有着一批德技双馨的医师，有的已经是各具特长的专家。谈起老师，学生的第一反应不只是老师取得的辉煌业绩，而是在他身上的人格魅力。戴尅戎常教导他的学生，要成为一名优秀的科学家，20% 靠智商，80% 靠情商。情商就是自我知晓、竞争意识、人际交往、预见能力、组织能力、表达能力、捕捉机遇的能力、抗挫折能力等。他带学生搞研究，发表论文时，第一作者是学生。他说："我的名字也要有，但摆在最后一个。如果出了什么问题，我好担着。"

如今的上海交通大学医学院附属第九人民医院骨科早已成为我国骨科基础和临床研究的主要中心之一，拥有 185 张床位和 3 个研究室，先后培养硕士生 29 名、博士生 82 名、博士后 17 名。戴尅戎把这个他一手创立的团队视作自己的家，他相信，随着这个家的扩大和发展，中国年轻一代的医生将有更多的机会走向世界舞台，在国际医学界中拥有一席之地。医

医德楷模

医德楷模

万小平

上海市第一妇婴保健院　主任医师、教授、党委副书记、院长

对病人要百分百好

——记上海市第一妇婴保健院万小平

万小平，上海市第一妇婴保健院院长，妇科主任医师、教授、博士研究生导师，享有国务院特殊津贴。他是上海市领军人才和上海市优秀学科带头人，担任中华医学会妇科肿瘤分会常务委员、上海市医学会妇科肿瘤分会主任委员。

万小平长期致力于妇科肿瘤领域（宫颈癌、宫体癌和卵巢癌）的预防、诊断和治疗，曾获"中华医学科技成果一等奖""上海市五一劳动奖章""上海工匠""上海市科技进步一等奖""仁心医者·上海市仁心医师奖"、上海市"医德楷模"等荣誉。

大医精诚，百万字手术笔记蕴真情

"我的时间属于我的病人。"

1984 年，万小平来到山东医学院攻读硕士研究生，师从王佩贞教授。硕士毕业后，他留在山东省立医院妇产科工作。这里是全国首批医学硕士、博士研究生培养点，医、教、研水平国内一流。后来，他又师从苏应宽教授，攻读博士研究生。

万小平的导师王佩贞教授是我国妇产科学的奠基人之一，每天天不亮就起床阅读文献，十数年如一日；离休后还去科室传经带教；直到 85 岁高龄时，仍然坚持每天去医院看望病人。导师的言传身教，鞭策着万小平，让他片刻不敢松懈，努力做到最好。

2000 年，39 岁的万小平作为人才引进至上海市第一人民医院，成为当时上海最年轻的妇产科行政主任。

2009 年，他担任国际和平妇幼保健院副院长。

2013 年，受上海市申康医院发展中心委派，他到上海市第一妇婴保健院工作，历任党委副书记（主持工作）、党委书记、院长。

无论在哪个工作岗位上，万小平始终不忘初心，忘我工作，全身心地为病人服务。

"医生是服务于病人的职业"，这是万小平给医生职业下的定义。他每天的时间安排极其紧密：早上不到 7 点就到医院，行政会议、门诊、手术、查房……快速高效，节奏分明。他分身有术，总是尽可能多地挤出时间，走进手术室亲自主刀疑难复杂手术。

万小平每周两个半天看门诊、两天手术日，周六还需要带教学生。他那辆上下班代步的小白车，是他经年累月扎根医院的最好见证。

虽走上行政管理岗位多年，万小平作为临床医生，只要有时间就坚持到病房、到门诊，与病人面对面沟通。"眼睛是心灵的窗户，我喜欢与病人进行眼神的交流。只有看到了病人的情况，我的心里才会真正感觉踏实。"每次与病人近距离交流时，他总会坦言手术的复杂程度、可能出现的突发情况及前期应对准备情况……当捕捉到病人眼神中的犹豫、迷惑或恐惧时，他会不厌其烦地宽慰病人，——即便延迟手术，也要让病人有充分的思想准备和良好的心理状态。

自成为医生起，万小平就坚持记手术笔记，30 余年从未间断。A4 大小的本子，他已经记了厚厚一摞逾 20 本，其中有丰富的经验教训，也有个人对手术的独到见解，字迹工整、表述分明，俨然是件"艺术品"。这一页页密密麻麻的临床案例，是万小平几十年如一日贴心为病人服务的力量源泉，也是他带教学生的压箱"法宝"。

勇攀高峰，手到病除见真章

"我们天天面对的都是新生命，再难的骨头也要啃下来。"

在万小平眼中，妇产科医生既要有外科医生的果断，又要有内科医生缜密的临床思维。他始终坚信，作为一名医生，业务能力不断提高永远排在第一位，只有拥有好的技术，才能更好地救治患者。

在妇科疾病诊疗方面，要同时达到"治恶疾、保子宫、可生育"这三方面的要求，难度巨大。万小平始终瞄准这一目标——不试一下，那"一丝希望"就变成了"0"希望；但是经过努力，"一丝希望"可能变成"100%"的成功。

万小平率领团队不断优化手术操作流程，减少术中出血，最大限度减轻组织创伤，加速患者术后康复。目前，他们已成功地将腹腔镜内膜癌分期手术的标准时间控制在 1 小时，腹腔镜根治性子宫切除手术的标准时间控制在 2 小时。

万小平是一名科学"发烧友"，他认为患者需求是激发医者科研的第一原动力。他带领团队徜徉于科研的海洋中，收获乐趣与满足。

晚期上皮性卵巢癌手术切净率低，很难达到手术满意切除，常会在术后残留病灶，千万患者化疗效果不佳，短期内复发。万小平带领团队进行深入探索和研究，针对晚期卵巢癌采用"化疗—手术—化疗"的"三明治疗法"，既能提高手术的切净率，又能延缓肿瘤复发时间，从而将此类患者的 5 年生存率由 29.62% 提升至 45.13%。他本人领衔的上海市医学重大课题"妇科恶性肿瘤规范化研究"，在全国 25 家三级甲等医院推广应用，成果卓著。他关于"上皮性卵巢早期诊断及预后判定的基础研究和临床应用"的课题研究，获得 2012 年上海市科技进步一等奖，这还是该奖项自设立以来首次授予妇产科学。

此外，"先天性无阴道手术方式改进"获上海市临床医疗成果奖；"根治性宫颈切除手术保留子宫动脉技术"不仅保存了患者的生育功能，也明显改善了患者的妊娠结局。

万小平关注团队建设，先后培养出一批又一批学科带头人、科主任或技术骨干。他倡导的"患者至上"的理念感染着身边的医护人员，对病人"要百分百好"成为团队的共识。锦旗、表扬信、"直说"小红榜、在线服务的患者满意率达 100%，众多患者对万小平团队好评如潮。他还注重学生指导，已带教博士后 3 名、博士研究生 30 名、硕士研究生 31 名，这些毕业生全部成长为优秀的临床医生，其中有 21 位获得国家自然科学基金的资助。为了帮助年轻的后生拓宽眼界，比肩一流，万小平经常组织高水平的学术会议，或选派青年医生、研究生参加国内外学术论坛。从国际学术舞台到国内学科平台，从临床实践到科研转化，他为年轻人打开了学科前沿的"任意门"，带领他们不断开阔眼界、更新认知。

万小平十分重视医学科普。2019年6月，他亲自带队，携手医院50多名专家赴京，接力60小时健康科普直播。这场盛举，推动了医院科普文化的建设。他认为，医务人员最重要的价值在于治病救人，也在于防未病、普及宣传健康医学知识，专业科普是最好的手段之一。"在科普的过程中，不仅是大众能够学习到医学知识，对于我们的临床医生而言，也是一种锻炼，既能在科普中得到成长和进步，也能提高自身的诊疗水平。"

至真至诚，"职场第一课"授真经

"穿软底皮鞋，不人为制造噪音；电梯密闭空间里不要吃东西，不讨论患者病情；见人要主动打招呼，因为这是人与人沟通的起点……"

万小平给新入职员工开讲的小学生守则版"职场第一课"，曾被数十家媒体争相报道，公众一致点赞。

他在课上带大家重温了《小学生守则》，甚至是幼儿园时老师教大家的规矩。比如，在医院里见人要打招呼，因为这是人与人沟通的起点；医院工作人员有义务为患者和家属引路，更要履行"首问负责制"——如果自己不了解的，要帮着求助人找到可以解决问题的途径。这些再简单、细致不过的规矩，就是我们经常说的"不忘初心"，这份初心，是医者的初心，也是人性的初衷。

多数时候，万小平给人的感觉是严师——严谨而严格，甚至有点严厉，对工作、对自己、对同事和学生都是如此。

他每周要给团队开一次组会，每位成员都要汇报一周的学习、科研进展情况。这时，他是"铁面"导师：谁的材料不到位、实验不严谨，他马上就能发现，并一针见血地指出问题所在，给予改进建议，立即要求整改，直到满意为止。

回归生活，每逢节假日，他会把学生请到家里，一起做饭、包饺子，一起品茶聊天，谈笑风生……这时，他俨然是"铁杆"好朋友。

　　"对病人要百分百好，做到 99 分都不行。"万小平的话，掷地有声。在上海近20 年的工作时间里，万小平在工作过的医院筹建或成立了多个诊疗中心、抢救中心、培训基地，进行学科建设。在为医生搭建丰富展示舞台的同时，也为病人创建优质的治疗平台。

　　"每一个没有为病人虔诚服务的日子，都是对医者生命的辜负！"这是万小平的心灵独白。无数个无影灯下起舞的日子里，他用精湛的医术和满腔的热情，不断挑战着医学领域的高难度，攻克着世界级难题，交出一份份完美的答卷。医

医德楷模

华 克 勤

复旦大学附属妇产科医院　主任医师、教授、党委书记

辛苦，并幸福着

——记复旦大学附属妇产科医院华克勤

华克勤，复旦大学附属妇产科医院主任医师、教授、博士生导师，现任复旦大学附属妇产科医院党委书记。她担任中华医学会妇产科分会常委、中华医学会上海妇产科分会前任主任委员、中国医师协会内镜医师分会副会长、上海市医学会妇产科分会妇科肿瘤分会候任主委、上海市妇科质量控制中心主任等。

华克勤在妇科微创、肿瘤内分泌、生殖道畸形及盆底功能重建方面成就突出，跻身世界领先行列，尤其在保留生殖器官功能的妇科微创技术方面做出创新贡献。

不停步，燃点患者爱之希冀

"不是说做得越多就越好，而是要带着思考去做，能不断改进，能有所突破。"

华克勤出生于医学世家，家中有五位亲属是妇产科大夫，其中母亲对她的成长影响最大。成为一名出色的妇产科医生，是她最初的梦想和追求。

"从小我就爱闻母亲做手术戴的乳胶手套味道，高中毕业填志愿，我只填了医学系，上海的、外地的都填了。"在所有医学专业中，喜欢动手的华克勤最心仪的是外科，但这是个对体力要求很高的专业，所以她最终选择了妇产科——一个兼具内、外、儿科的综合型专业。

华克勤的门诊，一号难求。每个她上门诊的日子，诊室外都是里三层、外三层。常常是中午1点多，下午的医生都来了，她上午门诊的诊室里还有病人在等着。

很多人说，看华克勤诊疗是一种享受：专注而仔细地倾听，果断肯定的问诊话语，温柔中透着自信、透着坚定。做妇科检查前，她一定细细安慰后才轻柔操作；冬日里，她定搓热双手给患者检查；遇到年老体弱的患者，她总是上前搀扶、帮助她们整理衣衫；抢救时，她经常一守就是一个晚上，不等到病人稳定绝不挪步离开……点滴关怀，暖透患者心扉。

不留疤痕，让女性的肌肤更完美，一个很朴素的愿望让华克勤一头扎进了妇科微创领域，一干就是 30 多年。手术疤痕看不见了，患者的恢复时间缩短了，平均住院天数下降了。在她的潜心钻研下，微创手术的种类不断扩充，适应症范围不断扩大。从普通腹腔镜到单孔腹腔镜，再到达芬奇机器人，华克勤领衔完成了院内几乎所有种类的妇科腹腔镜手术的第一次尝试，使医院 90% 的妇科病人能享受微创手术带来的益处，也使"红房子"成为国内开展微创手术数量最多、种类最全的医院之一。

华克勤从未停止脚步。随着阅历的增长，身为一名妇产科医生，她意识到女性的一生非常不易，不但要承担社会责任，更要在家庭中扮演好母亲、女儿、妻子、媳妇等角色，要肩负起孕育下一代的重任。于是她开始思考：如何在保证生命质量的前提下，在生理功能上让女性患者获得更多的完整。在微创手术中她尝试着只切除病灶部位，保留患者必要的生殖器官和盆底神经等，不仅达到了根治手术的效果，更为患者保留了生育功能、泌尿功能和性生理功能，让她们能够继续享受人情天伦，维护了无数濒临崩溃家庭的稳定。

怀孕 15 周被确诊为宫颈癌的孕妇凌凌（化名）在华克勤的帮助下，放弃"立即终止妊娠，切除子宫行抗肿瘤治疗"的常规做法，实现了"母亲梦"。在当年医院的"七一"主题建党日活动上，以该故事为原型的话剧《红房子版·生门》首演。凌凌在丈夫的陪伴下带着宝宝来到现场，重温往事，她潸然泪下……

在妇产科还有一群特殊的患者，因生殖器官的缺失或畸形，承受着身体上的痛苦，更为自己女性社会身份无法实现而痛苦不堪。还是华克勤，将这个"烫手山芋"捡了起来，为她们重塑为母之路，弥补她们生理功能的缺陷，完善她们作为女性的社会角色实现。这一项项技术的实现，使得原本对生活丧失信心的患者们重燃起对生活的渴望和热爱。

勇探索，实现多项零的突破

"医生就是要有打破传统的魄力，没有创新，医学怎能进步？"

华克勤将仁心置于技术的创新。她潜心钻研，将原来妇科患者腹部 20 多厘米的手术切口缩小至 3 个 0.5-1 厘米的小孔，腹腔镜患者在术后第二天就能下床自由行走，住院时间由 7 天以上缩短到仅需 2-3 天，女性患者在生理功能上也获得了更多的完整。她每年施行大中型手术 600 余例，其中疑难手术近 250 例，年参与危重患者抢救 30 余例，手术数量和难度逐年增大。

"把每一台手术都当成自己的第一台手术！"在每一个"第一刀"之后，总是可以看到她在手术室里手把手地传道、在示教室里精讲手术视频。她深知，只有不断壮大医院的微创团队，才能保持行业的领先地位；只有毫无保留地传承、培育，才能不断推陈出新，造福更多的患者，才能让微创技术精益求精。

在妇科微创之路上，华克勤不断探索、屡破医学禁区，收治无数其他医院不愿意接收的疑难杂症，以创新回应临床难题。她带领团队完成不少国际、国内的创举：成功施行了各种腹腔镜宫颈癌手术，保留器官功能的盆底重建微创手术，早中期妊娠合并各类良、恶性卵巢肿瘤微创手术，腹腔镜下腹腔及盆腔淋巴结清扫术，宫腹腔镜联合剖宫产切口憩室修补术，单孔腹腔镜手术，各种生殖道畸形微创手术等高难度的四级腔镜手术……每一个病例背后，都是医术与医德的完美结合。

她还善于结合临床进行科学研究，在长链非编码 RNA、遗传性致病基因探索等方面均实现零的突破，于《细胞研究》等国际著名学术期刊上发表论文，临床科研成果达国际先进水平，相关技术已转化为临床成果，在各级各类医院推广应用，为更多患者的治疗康复带来福音。

华克勤曾主编专著《实用妇产科学》，发表论文 223 篇，其中 SCI 收录论文 112 篇。她还获得包含国家自然科学基金等 20 余项国家级和省部级课题，取得国家发明专利 1 项、实用新型专利 3 项。

由于在妇产科领域的突出贡献，华克勤先后获得全国优秀科技工作者、上海市领军人才、上海医学科技进步一等奖、中华医学科技进步奖三等奖、上海市优秀党务工作者、上海市三八红旗手标兵、上海市巾帼创新奖、上海工匠、上海市"医德楷模"、上海市优秀博士论文导师、上海市科普教育创新奖、上海最美科技工作者等奖项。

医心忙，网络在线排忧解难

"要感谢病人，感恩病人，是病人成就了我们的成长和成熟。"

每一个生命都值得尊重，妇产科不仅要治病，更要医心，因此，华克勤特别关注患者的感受。繁忙工作之余，她义务在"好大夫在线"网站上为病人提供免费咨询，10 年、6539 个帖子，字里行间闪烁着医者的仁爱与关怀。她对病人说得最多的是："请放心，一定尽力""请一定带好病理切片到医院就诊"。而患者除了咨询病情外，说得最多的是："华医生，请早点休息，请保重身体，您的健康就是我们患者的福分。"

在与患者的日常交流中，华克勤发现妇科患者往往存在心理上的自卑、压抑和焦虑。即使手术之后，患者仍会有各种顾虑和担心，而病情的私密性又使得她们无处诉说。于是，她利用业余时间先后组建了生殖道畸形患友互助群、不孕不育好孕守护群、宫颈保卫战术后群等多个"医患沟通"微信群。在群里，医护人员利用业余时间为患者答疑解惑，患友也会交流治疗经验和康复心得，相互关心、打气。华克勤除了亲自参与解答之外，更多的是鼓励和关爱，现在她更是邀请了专业的医务社工入驻群内，为患者疏导心理问题。

在华克勤持续的关心和努力下，越来越多的人参与到患者术后康复及院外关怀中来。近几年，在上海市慈善基金会和爱心企业、社会各界爱心人士的大力支持下，医院先后设立贫困乳腺癌患者手术救助基金、早产儿救治帮困救助基金、改善医疗服务专项基金、妇科疑难专病帮困专项基金等公益基金，使得越来越多的妇女儿童得到重点关注和及时救治。

华克勤的坚守，始于她专注最热爱的专业，为之倾注了青春和热情，并从中感受到被需要的价值感和幸福，指引着她不断探索、攀登医学的更高峰。她以"勤勉敬业"践守着医者誓言，以精湛的医术挑战业界禁区，以高尚的医德融入日常诊疗，以克己的言行树立身边的榜样，赢得了同行的赞誉、学生的爱戴、患者的倾心。

"做医生，是很辛苦的，但幸福也不是一般人能体会的。"华克勤对于自己的职业有着满满的自豪感："如果有下辈子，我还要做一名妇产科医生。"医

医德楷模

严 正

上海市静安区彭浦镇社区卫生服务中心

主治医师、全科团队队长

风雨无阻，"钥匙医生"的承诺

——记上海市静安区彭浦镇社区卫生服务中心严正

严正，是上海市首批家庭医生，彭浦镇社区卫生服务中心全科团队队长。

严正平均每天要骑行 20 公里以上，为十多名患者进行家庭病床巡诊和医疗服务。他说，"患者给予我的信任，就是我对患者的承诺"，为了这份承诺，他做社区医生已经超过 20 年了。

诚于心，51 把钥匙永珍藏

"这些钥匙在我手里，除了感动，更多的是责任。"

彭浦镇是静安区面积最大的一个镇（街道），有 38 个居委会，镇社区卫生服务中心要为 14.5 万常住人口的健康护航。

那时医院绿化极好，"蚊子比病人多多了"。毕业于上海中医药大学的严正，至今仍记得自己当时以医生身份参与灭蚊的场景。他时常一个人在空荡荡的医院发呆："我一个大学生在这里能做些什么？"

1996 年，地段医院找到了新的"发力点"——开设"家庭病床组"，以满足社区居民不断增长的对"上门医疗服务"的需要。严正成为首批上海市"家庭病床医生"。

严正忙了起来，这对一个年轻医生来说，是一件好事。无论是严寒酷暑，他总是风雨无阻、恪守诺言，在居民最需要的时候出现在他们面前。

1999 年，严正收下了居民的第一把钥匙。当时郁老太太中风瘫痪在床，经严正一段时间治疗后，病情有了明显好转。可就在这时，她丈夫被查出患了肺癌，需要经常去医院做化疗。老先生把房门钥匙交给严正，希望严正能随时上门为老太太看病、配药。他对严正说："严医生，钥匙侬拿好，阿拉信得过侬。"

1 把钥匙、5 把钥匙、10 把钥匙……为方便严正上门治疗，先后有 36 户人家把 51 把钥匙交给他。

严正用钥匙打开了关爱和信任之门。病人一茬茬地换，严正也不断地收到钥匙，等患者的病好了，他又将钥匙归还，——严正经手的钥匙就周而复始地收了又还，还了又收。"我每拿到一把钥匙，心里都会忍不住好一阵紧张，病人越是信任我，我越是感到责任重如泰山。"严正感慨地说："这不仅是对我的信任，也是对我们社区卫生服务中心的信任。"

"五心工作法，"是严正医生的"诚于心"的最好体现：进入家庭需"留心"，接待老年居民时有"耐心"，收集病史要"细心"，治疗用药求"精心"，最关键的是要有一颗"责任心"。与其说这是行之有效的工作方法，不如说是医患之间诚挚的心灵互动；与其说是必要的工作流程，不如说是对工作的敬畏和忠诚。正因为他爱工作，爱患者，无比诚挚，他最终得到了居民的信任，让社区医生这个最基层的角色，发挥了重要的医疗救助功效，成为社区居民的"健康保护神"。

2019 年 5 月 19 日，严正工作时曾用过的"51 把钥匙"复刻品，被国家博物馆永久收藏。严正这位普普通通的家庭医生，用人格魅力拨动了居民心弦，打开了他们的心门和家门。

精于业，妙手医生护健康

"我们要做的是让病人看到我们的专业技术和更加全面的知识领域。"

严正心中有一个目标：预约就诊，合理转诊，让更多常见病患者不必再到大医院"轧闹猛"。

从 2010 年上海正式开展家庭医生签约至今，已有 6000 多人次与严正签约。他的日常工作是早上 7 点 30 分就开始接诊预约病人，随后，一上午要跑几户人家为居民提供基本医疗服务。中午，他来到龙潭居委会出诊"社区门诊"，通常一下午会接诊二三十位社区患者。临近下班，他又到一户事先约好的病人家里上门送药。每周除周四在门诊应诊外，其余的日子，严正都骑着自己的"健康自行车"，走街串巷，送医送药。

严正有个随身的挎包，俨然是个小型的"工具箱"：有血压计、听诊器、针灸一次性用针、酒精棉球，还有化验单、治疗单、处方单，根据走访的病人情况，有时还会带着血糖仪和便携式心电图仪。

听诊，腹部扪诊，查看后背、脚面，仔仔细细做好检查，严正给张凤翠老人竖起了大拇指，老人会意地点点头。很多上了年岁的老人耳朵不灵便，严正习惯用手势跟他们沟通，再大声地用简单几句话把情况告诉老人。"没有褥疮，子女照顾得好。多喝水！"严正关照老人，又笑着给了她一个大拇指，然后坐下来开方子。

"总觉得可以再为他们多做一些。"收获这么多居民对自己的信任和喜爱，严正很满足："对许多居民来说，陪你慢慢到老的或许就是家庭医生。而我，就是这样一个家庭医生！"

有人觉得，全科家庭医生不过承担着最简单的医疗服务工作，他们只是在为病患转诊和开药方面有一些基础功能罢了。但实际上，一个负责任的家庭医生，可以直接提高病人的生存质量。

严正曾冒着较大的风险，为一名脑梗瘫痪在床的老太太拔除胃管和导尿管。当时，老人从三甲医院回到家中居住，家属对家庭医生的需求仅仅是定期帮助老人换胃管、打针等。看到老人每天辛苦地通过胃管进食，严正心中不舍。他主动指导家属，每天尝试口腔进食，一点一点加量；并通过中医针灸治疗的方式，帮助老人逐步克服吞咽障碍；直到最后，拔出胃管。

不拔，是正常的"规范化治疗"，家庭医生无功无过；拔，家庭医生要承担风险。严正选择了后者。"我当时心里想好了，随时候命，万一有问题，我可以立刻过来插管。"他说，自己与老人们一起度过了20多年，"基于对医患关系的充分自信，我愿意在提高病人生存质量上冒一些风险"。

社区医生看似岗位轻，因为涉及面广，是所谓的全科医生，这就对从业者提出了更高的要求。面对这份职业挑战，严正刻苦钻研，研习经典，关注经方，精益求精，有效提高了快速诊断、精准诊断的专业化能力，使无数患者疾病得以早发现、早治疗，延长了生命，提高了生活质量。他还不断总结经验，积极探索适合中国模式的家庭医生服务制度。有一位三级医院的退休主任医生这样评价严正："想不到一个年轻的全科医生专业知识如此全面……社区医生本事也很大。"

厚于德，随叫随到乐关怀

"社区居民信任我，他们需要我，我很快乐，也很满足！"

严正服务的家庭病床患者多为70岁以上、脑梗或中风偏瘫等卧床不起的老人，还有冠心病、糖尿病患者，有的是无依无靠的独居孤寡老人。他手机24小时开机，占用了业余休息时间从不计较。他常常忙得连饭也没有时间吃，晚上有时一个紧急电话，他就会来到居民的家中。二十多年来，严正穿梭于彭浦镇的每个小区，社区居民把他当作"自家屋里厢人"。

严正特别喜欢家庭医生和病患之间所建立的和谐医患关系。他每次上门问诊，老人总会给他递上一杯适宜的温水。每天中午到了吃饭时间，很多病人会拉着严正一起吃一碗馄饨、一碗拉面，他喜欢这样的时光。

严正结婚的那天，有很多居民不请自来，他们带着最真挚的祝福，祝愿他能够幸福快乐！每每忆起当时，严正都乐呵呵地笑道，"或许在旁人眼里，我付出了许多，可是我也收获了很多，信任、尊重和爱护！"

不顾一切为临终的老人做人工呼吸；他常常为满身大小便的卧床患者擦身换衣；他自己掏钱为贫困居民付费买药……面对患者家属的酬谢，严正分文不取，他说："拿一文，则我不值一文。"

严正凭着真诚与挚爱，为社区群众送来无微不至的健康救助，有效推动了基层医疗保障工作。他也因此获得全国优秀共产党员、全国道德模范提名奖、全国十大最美医生称号、全国卫生系统先进个人、上海市首届十佳家庭医生、上海市"五一劳动奖章"、感动上海十大年度人物、上海市十佳全科医生、上海市卫生系统先进工作者、上海市卫生系统第三届高尚医德奖提名奖、上海市"医德楷模"、上海市卫生系统文明职工等荣誉。以严正的先进事迹改编的《51把钥匙》微电影和沪剧，在上海广为流传。

　　上门出诊、预约就诊、签约建档、慢病管理、健康宣教、团队管理……看着严正日益消瘦的背影、渐多渐稠的白发，医院领导担心他身体吃不消，多次想调整他的工作岗位。严正笑着说："社区病患对我的信任，让我更加热爱社区医生这份职业，只要病患需要，我会一直坚持下去。" 医

医德楷模

邵志敏

复旦大学附属肿瘤医院　　主任医师、教授、大外科主任、乳腺外科主任

复旦大学肿瘤研究所　所长

复旦大学乳腺癌研究所　所长

"我爱医学，只因兴趣"

——记复旦大学附属肿瘤医院邵志敏

邵志敏，主任医师，博士生导师，复旦大学特聘教授。现任复旦大学附属肿瘤医院大外科主任、乳腺外科主任，复旦大学乳腺癌研究所所长，上海市乳腺癌临床医疗中心执行主任。

邵志敏从事乳腺癌的临床和基础研究近 30 年，致力于乳腺癌的早期诊断和多学科治疗模式的建立、优化和推广，并在转化研究等领域取得突破。

应召回国，倾心竭力创声誉

"医生做不到万能，我只能做到尽心尽力、无愧于心。"

"小时候，上海人家家长都说，读书好的孩子就去学医吧！"邵志敏坦言，自己读医本是"父母之命"，却不承想找到了真正的兴趣所在。他的工作与生活，在外人看来似乎枯燥、无趣，自己却痴迷得无法自拔。

1995 年，留学海外的邵志敏才三十出头，已成绩斐然：美国加利福尼亚大学首届"校长奖"获得者、加利福尼亚大学洛杉矶分校客座教授，在乳腺研究领域颇有声望。当恩师、时任复旦大学附属肿瘤医院乳腺外科主任沈镇宙教授诚邀他回国时，游子顿时思归了："国外条件固然好，国内创业土壤更好。"

仅带了一箱书籍与实验用品，邵志敏"赤手空拳"回来了。"临床谋求发展，还须依赖基础研究。"在国外实验室里待了五年，他深深明白这个道理。于是，邵志敏白手起家，成功创造了"乳腺癌分子生物实验室"。

年仅 38 岁，邵志敏出任肿瘤医院乳腺外科主任。经历了近 20 年的发展，他领衔的乳腺外科作为我国最主要的乳腺癌基础和临床研究团队之一，在国内外享有盛誉。

"以他对医学的痴狂，年轻十岁的我们也难以企及。"师从邵志敏的吴炅，迄今犹记创业之初的一件小事：国家自然科学基金每年春季竞标，为给实验室争取经费，邵志敏连续几年春节泡在实验室里，心无旁骛写标书，饿了吃方便面，困了睡沙发。只要跨进实验室，属于他的时间总会"停止"。

每天早晨 5 点半出门，6 点半到医院，开始查房。每周两次门诊，每次 150 个号，每周做 40 台左右手术。晚上 9 点准时睡觉。凌晨 3 点半起床，改论文，做研究……邵志敏曾经通宵熬夜的"生物钟"，而今略有调整。多年来，他谢绝所有应酬与不必要的活动，保持"医院—家庭"两点一线的生活轨迹。

邵志敏自嘲道，"我是个无趣的人，生活很枯燥，没啥爱好，就是做实验、开刀、看病、教书。"对他而言，生活就是工作，工作开心了，生活自然也就开心。

从医三十余载，临床经验丰富的邵志敏果然"火眼金睛"，快速、准确地"揪"出了不少存在问题的病人，使她们有机会早期得到诊治。问病史、查乳腺，不厌其烦地回答病人反复提出的问题。邵志敏一边看报告，一边与病人交流："这个是乳腺囊肿，需要做个小手术""这个报告没有问题，不需要太担心""手术后恢复得很好，以后要定期随访"……亲切的话语中，透着严谨和理性，又充满着鼓励和安慰。这些病人大多愈后良好，不少已经回归工作岗位。

邵志敏胸怀大爱，引领规范治疗，他主持编撰了《中国抗癌协会乳腺癌诊治指南与规范》，应用于全国 80 余家大型医院乳腺专科，惠及乳腺癌患者超过 15 万名。

邵志敏说，"廿年前，我不曾预料到乳腺外科能做成今日这样；同样的，我亦无法想象，廿年后又将会是怎样。脚踏实地为患者做点事，努力建成国际乳腺中心，这是我与团队能努力实现的目标。"

"大牛"医生，甘为人梯聚英才

"医学的每一项突破都是漫长而艰难的，要耐得住寂寞，守得了清冷。"

邵志敏是位严格，甚至有点冷酷的导师：学生的每篇论文，细节都要仔细斟酌；学生的每次答辩，从内容章节、到语音语调和表达传播，均有缜密讲究。

学术上，邵志敏异常严谨，不断为学生创造学习机会，将眼光瞄向国际最前沿科研领域。他说，"你们年轻，没有资本放松。现在不拼，更待何时？"一转身，他又忙着推荐学生参加高水准学术交流论坛、尽可能为学生争取出国进修机会。学生一致认为：邵志敏是公平而开放的"大牛"医生，"只要你有能力与他站在同样的对话平台，他会尊重你的想法、甚至采纳你的意见。"

优秀的学科人才培养传统，为肿瘤医院乳腺外科储备了济济人才。邵志敏先后带教 106 位硕士、博士，培养了一支技术精湛的团队，如今第五代人才已初露锋芒。由他开创的"医、教、研"方式成为科室学习的优良传统：每周三上午 7 点整，全科三十余名医生共聚，进行业务英语探讨早餐会；每周随访一次疑难杂症，对化疗、放疗法以及影像诊断进行全方位讨论……每当看到学生在国际大会上用流利英语做报告、与国外专家共同探讨，他就特别欣慰。

作为乳腺癌诊疗的"领路人"，邵志敏的研究成果、临床水准，已经成为中国乳腺癌诊疗领域的一面旗帜。他所带领的团队，乳腺癌治疗效果和 5 年生存率，均已和国际先进发达国家水平相当；同时，他所极力推崇的多学科综合诊治模式，经过十余年的推广，使上海地区乳腺癌整体治疗效果提高了 10%，处于国内领先水平。

邵志敏领衔先后承担国家杰出青年基金、"863"、"973"、教育部创新团队、卫生部临床重点专科、上海市重中之重临床医学中心等 30 余项科研项目。

他累计发表 SCI 论文 400 余篇；以第一完成人身份获得 2004 年国家科技进步二等奖、2011 年上海市科学技术进步奖一等奖、2012 年教育部高等学校科学研究优秀成果奖一等奖、2013 年中国抗癌协会科技奖一等奖等 10 余项科研奖励。

邵志敏曾获全国五一劳动奖章，获全国先进工作者、全国优秀科技工作者、上海市"仁心医师"、上海市"医德楷模"等荣誉称号。

"妍康沙龙"，术后红颜绽笑脸

"人品至关重要，做一位简单的人，方可做好一位纯粹的医生。"

邵志敏认为，乳腺癌已经不是绝症，而更像一种类似于心脑血管疾病的慢性病，对这种身份逐渐转变的肿瘤来说，诊疗过程更需引入"全程管理"理念，医疗需覆盖疾病诊断、治疗、康复全过程，同时通过先进的诊疗技术，解决疾病以外的心理创伤修复，实现对患者全程、全人、全方位的身心治疗。

为推行"全程精准管理"，早在 2015 年，邵志敏团队便引入"互联网＋"思维，设计乳癌全程管理 App，率先建立了全国首个乳腺癌全程诊疗平台——"妍康e随访"，融入传统乳癌防治的宣教、筛查、随访等多个环节，形成乳腺健康全程管理模式，改善患者就医体验。患者可以通过微信公众号找到专家，帮助解读随访检查报告，免去来回奔波之苦。

邵志敏坚守公益，践行医者仁心，极力推动乳腺癌公益事业发展。由他与复旦大学附属肿瘤医院终身教授沈镇宙发起创立、香港慈善家夏丽君女士资助的"妍康沙龙"，成立于 2003 年，是上海首家由医院创办的癌症康复者俱乐部，是复旦大学附属肿瘤医院患者教育及康复活动的品牌之一，至今在线会员已超过 5 万人。沙龙以"关爱、支持、互助、促进康复"为宗旨，建立了医生与患者、患者与患者之间互相交流的平台，从而积极促进患者健康恢复。

一年一度的沙龙开班仪式，邵志敏无论多忙，总会亲临现场给病友们授课、鼓劲。他非常清楚，台下康复患者是来这里寻找继续生活的"坚强后盾"，而他和他的团队医生就是病友眼中最强大的支柱。

"妍康沙龙"开展了一系列形式多样、体现实用性和科学性的活动，包括开展渐进式肢体康复训练，组织专题讲座，编写专业康复资料，设立热线和网站，提供在线答疑；同时还成立了志愿者互助会，加强病友支持的力度。

乳腺癌患者整体康复模式涵盖了专业到非专业的综合支持，为患者提供了全面有效的帮助，提高其生命质量，助力患者更快地重新回归社会。这一创新的康复护理模式曾获得第一届上海市临床护理成果奖、上海市卫生系统"精神文明建设创新奖"。

此外，邵志敏还积极联络社会各方力量，成立了乳腺癌患者贫困资助项目，至今已为超过 600 名贫困乳腺癌患者播撒下希望的种子。

邵志敏，这位天生的医者，这位痴迷科研的临床医学家，冷峻的外表下，难掩一颗为中国乳腺癌事业奉献终身的拳拳赤子之心。他和他的团队，为无数濒临绝望的"红颜"，开启生命的第二个起点，重塑失去的健康和美丽。医

医德楷模

茅爱武

上海交通大学医学院附属同仁医院　主任医师、介入诊疗科主任

将"介入诊疗"事业进行到底

——记上海交通大学医学院附属同仁医院茅爱武

茅爱武，上海交通大学医学院附属同仁医院介入诊疗中心主任医师。他长期从事放射介入，主攻消化道肿瘤，在食管、气管、胆管及胃肠道支架治疗技术方面拥有重要创新成果。

坚守一线，介入诊疗初显身手

"人就像蝉一样，要想在高树上声震四方，就得先在地下不断挣扎，沉住气默默承受。"

青年时代，茅爱武就立志成为一名医务工作者，救死扶伤、为人民服务。1976年，刚20岁的他从上海第二医学院附属新华卫校放射班毕业后被分配去安徽小三线支内，从事医学影像诊断工作。

那时中国的影像医学并不发达，设备也不够完善，工作环境比较艰苦，很多人都不愿意干。茅爱武脚踏实地，坚守阵地，不放过任何学习、历练的机会。

在这个岗位上，他一干就是16年，日子平淡而充实。正是这16年影像医学知识的积累，为他后来从事"介入诊疗"打下了坚实的专业基础。

回沪后，茅爱武参加了成人高考，在不脱离专业岗位、不影响工作的前提下利用业余时间补修学历课程，从一名中专生脱胎成为研究生导师，并一跃成为拥有二级教授专业职称的知名专家。

出于对医学事业的热爱，无论工作环境是优是劣，仪器设备是好是赖，专业技术是苦是累，茅爱武始终坚守着自己"竭尽所能解除病人痛苦，拯救病人生命"的宗旨，别人不愿意干的工作他努力干，别人不愿碰的难题他接手解。

20 世纪 90 年代初，在同仁医院介入奠基人高中度主任的支持下，茅爱武毅然投身介入医学的临床实践，目光聚焦于中晚期肿瘤的介入综合治疗。"当时真的是白手起家，可用的器材匮乏，所有操作只能在胃肠机上做，辐射大、条件很艰苦"，茅爱武感慨道。虽然困难大，但他毫不气馁，虚心求教，大胆尝试，技术上不断突破。

那些年，茅爱武几乎放弃所有的工休假期，主持和指导操作介入治疗手术万余例，拯救了大量濒危病人。

为了给一位晚期肿瘤患者疏通严重梗阻的十二指肠，茅爱武大胆引用了国际上刚起步的金属支架新技术。没有现成的肠道支架，也没有可供参考的文献，他用食管支架及输送器械，在 X 线下花了整整 3 个多小时，也未能将导丝插送过狭窄段。怀着沉重的心情，他把病人送回了病房，而患者却说："茅医生，请您再试一试，放心大胆去做，就拿我当试验品，无论出现任何结果我都能接受！"

茅爱武被患者的坚持与信任深深打动，下定决心要啃下这块硬骨头。他把自己关在机房，不断比画操作器械，反复操作过程，寻找失败原因直至深夜。第二天又多次改进支架及输送器械，反复尝试到凌晨。终于，在同事合力配合下，他成功把支架放了进去，——这就是国内首枚十二指肠支架。当他把手术成功的消息告诉患者时，这位坚强的中年人不禁喜极而泣。此情此景，让茅爱武终生难忘。

由此，茅爱武开启了以消化道为主攻方向的介入微创诊治的研究，并取得多项研究成果，造福众多的病患。虽然经常会因疏通病人肠道被染得一身臭气，但他始终无怨无悔。

潜心科研，创新技术蜚声海外

"我们每一位医务人员都应该热爱我们的职业，热爱是你努力的原动力。医学又是一门严谨的科学，因为我们面对的是一个个活生生的人。"

从一名普通医师，成长为专科主任、学科带头人，岗位的变化，并没有改变茅爱武对医学研究的痴迷和对专业技术的执着。

茅爱武主攻中晚期恶性肿瘤的介入诊治，引进和创新了50余项技术，在介入化疗应用方面创立了自己的独立见解，在消化道内支架应用领域形成了自己的技术特长，针对晚期重症病例总结出独特的综合医治方法。

经专家鉴定，他的多项技术达到国际先进、国内领先水平：放置小肠支架的数量、深度、安全性和成功率国内外领先；多项支架技术突破常规，已形成自己的专业特色；胰腺癌、胆管癌及癌性疼痛的介入治疗取得优于传统方法的临床疗效。

茅爱武收治的病人中，80%以上为慕名而至（其中60%由三甲医院相关学科专家推荐）。他应邀参与上海市三甲医院会诊，诊治疑难病例数百人次；国内会诊数千人次；并成功收治多位被发达国家判为"不治"的外籍患者。

他发明的新型食管及肠道支架已在国内普遍使用并大量出口海外，使企业获利、国家节汇、患者减负。

他先后承担国家自然科学基金、卫生部"十年百项适宜技术推广计划"、上海市科学发展研究基金、上海市重大医学科研成果转化、交通大学多中心研究等项目15项，参与国家"九五"科技攻关、国家863等10项研究工作，获科研经费800余万元支持。

为了使专项技术和研究成果造福更多的患者，茅爱武积极开展相关技术的应用推广，截至2021年已面向全国主办学术会议18届次（其中国际性学术会议9届次）、9次地区性研讨会。

他发表科研论文40余篇，其中SCI论文20余篇，总影响因子84.829；12次在北美放射年会、世界胃肠病大会等国际会议发言交流；200余次在国内外学术研讨会上专题演讲或授课。

茅爱武的工作能力和学术水平，也得到行业学会和同行专家的认同。作为一名国内二甲医院的医生，茅爱武兼任中国医师协会介入医师分会常务副会长、中国医疗保健国际交流促进会质量控制分会副主任委员、中国抗癌协会胰腺癌专业委员会微创治疗学组副组长、中国非公医疗机构协会理事、上海医师协会影像与核医学分会名誉会长、上海市疾病预防控制中心肿瘤介入专业委员会副主任委员、中华消化介入学杂志（电子）副主编等学术团体的重要职务。由他发起组建的全国医师定期考核介入放射专业编辑工作得到卫健委和中国医师协会的认同并开始了实质性工作，从而为改变我国介入放射学无序发展现状、建立规范化学科管理奠定基础。

辛勤的付出换来丰硕的成果，茅爱武先后获科研成果 12 项，技术专利 4 项，获国家科技进步二等奖 1 项，上海市技术发明奖 1 项，上海市科技进步二等奖 2 项、三等奖 2 项，获上海市医学奖、上海市"医德楷模"、上海职工科技创新金点子奖、区医学科技奖等 4 项。

承前启后，学科建设再上层楼

"作为医务人员，不能忘记救死扶伤的责任，对待每一位病人都应当感同身受，这才是'仁心仁术'。一个对病人没有爱心、只为利益左右的医生，肯定不合格，工作肯定做不好。"

茅爱武以强烈的职业道德感投身于推动医疗行业规范管理的建设，在带团队过程中，他不时告诫自己及团队成员：作为医务人员，始终不能忘记救死扶伤的责任，要"待病人如亲人"，发挥自己最大的努力为病人救治，这正是"仁心仁术"。

茅爱武说，他的成功源于前主任高中度的精心扶持和培养，他的成绩离不开同仁医院的科室和团队。

2003 年，茅爱武担任上海市同仁医院介入诊疗科主任。同年，同仁医院介入诊疗科顺利入选上海市"医学重点专科"、长宁区"特色临床诊疗中心"，并在多轮评审验收中名列前茅。2004 年，专科获上海市红旗班组。2007 年，再获上海市劳模集体殊荣。

2010 年，同仁医院介入诊疗科成为长宁区"硕博士创新实践基地"。2011 年，成为"博士后创新实践基地"。2012 年，入选上海市劳模创新工作室。

如今，同仁医院介入诊疗科已经成长为"集介入微创诊疗操作和临床医疗诊治及护理"为一体，具有较强的医、教、研复合功能的综合性介入临床诊疗中心。该中心年收治病人 1800 余人次，年介入手术 3000 余台次，诊治病种涉及人体绝大多数脏器。

在医疗业务发展的同时，茅爱武还培养了可观的专业技术人才：培养来自全国的进修医生 100 余名，带教各地医学院校荐送的硕博士基地学员 20 名（硕士 13 名、博士 5 名、博士后 2 名）；中心本部 11 名医生中，晋升主任医师 2 名、副主任医师 3 名、主治医师 3 名，已获硕士学位 4 名，在读博士 2 名，在读硕士 5 名。

学科梯队中承担国家级科学自然基金青年项目 1 项，上海市卫生局重大课题 1 人，承担区级课题 3 人，有 5 人在全国性学术会议上作专题讲座和发言 20 人次，在国际会议发言 3 人次。

"每个人都有自己的梦想，我的梦想就是做一名好医生，为构建医患和谐的桥梁尽一分力量。"茅爱武行医四十余年，"对赠礼手不沾，对金钱眼不红"。无论病人来自城市、农村，贫穷、富有，他总一视同仁，热情、耐心、细心，待病人如亲人。他始终坚持把分内的事情做得完美，把看似平凡的事情做得精彩，用无声的行动一次次上演生命的奇迹。医

医德楷模

赵培泉

上海交通大学医学院附属新华医院　　主任医师、教授、眼科行政主任

不知疲倦的"光明使者"

——记上海交通大学医学院附属新华医院赵培泉

赵培泉，现任上海交通大学医学院附属新华医院眼科主任、二级教授、主任医师、博士生导师，国际眼科联盟（ICO）糖尿病眼病防治特别工作组委员，美国视网膜医师协会（ASRS）会员，中华医学会眼科学分会常委等职务。他擅长小儿及成人玻璃体视网膜疾病的诊治，特别是复杂性眼底疾病的显微手术，并娴熟掌握白内障超声乳化技术。

朝夕不倦，手术台铸就"赵铁人"

"极其疲劳的时候，头往后一靠就睡着了，而且是迅速进入深度睡眠。这方面我是有天赋的。"

都说赵培泉是"铁人"：每周一、周四的门诊每次要看 150—200 号病人；其他时间是手术日，一天 15—20 台手术，一年的手术量 2000 台左右，80% 都是视网膜手术。

看不完的门诊，开不完的刀。"有上班时间，没有下班时间。双休日要么学术交流，要么去外地会诊。周末都在飞往各地的路上……"，赵培泉朗声笑道。

日以继夜，夜以继日，周而复始，赵培泉从医三十余年来从未有一日懈怠。他的日工作时长常达 16 小时，年均门诊量 1 万余人次，日接诊最高达 256 人次，每年完成小儿玻璃体视网膜手术 700 余例，世界单体最多！遇到年纪大的病患，手术后他都亲自搀扶他们去休息室。

赵培泉也会觉得累。累的时候，不用躺着，坐着，甚至站着都能睡着！他说：

"我酷爱这份职业，在手术台上是成瘾的快乐。"

随着国内外知名度越来越高，赵培泉遇到的病人日趋复杂。对于来自全国各地的复杂、疑难甚至被判"不治"的病例，他抱着科学的态度，秉承"不抛弃、不放弃"的精神，用精湛的手术持续创造了诸多奇迹，收获患者和家属的表扬、感谢信不计其数。

他救治的患者自发建立了"梦想之家"微信群，现在已达数百人。病友以此为互助平台，表达他们对赵培泉的感激之情的同时，向其他患者提供建议，争取及时得到最佳治疗。

力学不倦，中国创新惊艳世界

"要用'心'做好每一例手术，要对得起每一位患者。"

赵培泉曾留学日本进修博士后，师从福冈大学顶级"小儿玻璃体视网膜疾病"专家大岛健司教授，1998 年学成回国。他认为，很多疾病并不是光手术就能解决的，要成为一个优秀的视网膜医生，不仅要懂遗传学、影像学、免疫学，还要懂神经眼科学，——"人是一个整体，不能把病症割裂开来看。"

赵培泉是我国"早产儿视网膜病变"诊治的开创者。他率先在国内开展筛查和诊治工作，创建并运作了中国第一个专项筛查培训中心。从零开始，他创建了我国完整的小儿视网膜疾病专科体系；主持卫生部"早产儿视网膜病变"筛查标准的制定与修订，参与、主持制定了符合中国国情的筛查体系和标准，填补了我国眼科界该领域的空白。

时至今日，他仍是国内极少数几个能够开展小儿视网膜疾病手术治疗的医生之一。他和团队取得的"中国小儿视网膜疾病诊疗规范的兴起与推广"成果荣膺"我国眼科学 2009—2013 年十大研究进展"。他领衔的新华医院眼科，已经成为全国最有影响力的小儿视网膜疾病的诊治和培训中心。小儿视网膜疾病基因诊断平台、新生儿眼病普筛多中心合作联盟、中国小儿视网膜疾病的诊疗规范等也应运而生，还建立了独具特色的小儿视网膜疾病亚专科。

2012 年，赵培泉带领团队承办第三届世界 ROP 大会。在 2017 年墨西哥举办的第四届世界 ROP 大会上，他获得"杰出贡献奖"，得到国际同行的高度认可。

赵培泉在临床实践中长期致力于学术理论和医疗实践的创新与推广，将医疗、科研和教学相结合，取得一系列重要研究成果。他带领团队以第一通讯作者发表学术论文 200 余篇，其中 SCI 论文收录 70 余篇；近 5 年完成和承担国家自然科学基金、上海市科委和国际合作等重大科研课题 14 项，主编（译）专著 7 部；受国际同行邀请参编 Surgical Retina 等多部专著。在临床手术创新方面，他还获得两项发明专利授权。2016 年，《视网膜疾病基因致病机制研究及防治应用推广》获国家科技进步二等奖。

他率领团队获得一系列具有国际领先水平的原创性科研成果，特别是他首创的系列黄斑手术新技术，让全世界看到来自中国的创新：2016 年，他首创异体囊膜移植治疗难治性黄斑裂孔和 Audi 式保留中心凹的内界膜撕除术；2017 年，他首创的黄斑区内界膜剥除再复位术等，被美国权威杂志 Retina 的 Roundup 专栏报导，得到来自哈佛大学等国际同行的高度赞誉。

2018 年，赵培泉获美国视网膜医师协会 ASRS 手术电影节"奥斯卡奖"，成为至今唯一获得此项殊荣的中国眼科医生。

赵培泉始终把为社会培养更多优秀的眼科医生作为己任，悉心培养了一批医学栋梁。近年来，共培养博士、硕士 45 名，在读博士 5 人、在读硕士 3 人。在带教指导学生过程中，他特别注重医德的培养和教育。他常对学生说，"选择了做医生就是选择了奉献，如果心无善根，又怕累怕苦，那就是选错了行。"在医术方面，他立足医院实际和临床实践，注重学生基本素质和实际操作能力的培养，深入浅出，生动形象地将自己的经验、操作技能毫无保留地传授给学生，深得学生尊敬、爱戴。

在国内眼科界，尤其是许多从事视网膜手术的眼科医生，都折服于赵培泉精湛的手术技艺、扎实的专业理论和宽厚的医者胸怀。有 300 余名同行先后专程来新华医院眼科进修。

赵培泉欣然开放手术室，"欢迎国内外同行参观指导、相互交流，只有开放的环境，才能促进大家共同进步"。

门诊时间，对于典型、罕见病例，他细细讲解。

手术时间，大家可以在手术室屏幕上，同步观看他的实时操作。

手术间歇，不管多累，他都会耐心解答。

他的每一台手术都有录像，这些影像资料完全对外开放，进修医生可以复制作为学习素材。

"坚守'授业传道，诲人不倦'的师道；'授人以鱼，不如授人以渔'。"他带教的学员中，不少成了眼科医学领域的领军人物、学科带头人和医院骨干。

他还定期牵头主办国家级继教班、小儿眼底病国际高峰论坛等学术会议，每次会议都座无虚席，受国内外同行的广泛好评。

乐善不倦，慈善使者送光明

"做医生一定要有善根，要吃得起苦，受得了累。真的是这样。"

作为"上海市注册志愿者""中国志愿者医生"，自 1999 年开始，赵培泉在繁忙工作之余，投身"慈善光明行"公益医疗队，坚持每年参加西藏、新疆、青海等边远贫困地区慈善复明手术活动。在 16 次慈善复明活动中，他都担任团队的核心手术医师。

在西部贫困地区进行慈善复明手术时，他曾 7 次身处 4000 多米的高原，氧饱和度一度低至 70%，他强忍高原反应的强烈不适，一边吸氧、一边手术，以惊人的毅力完成复明手术，实现边远贫困地区的患者重见光明的梦想。至今，公益医疗队共诊治病人 17871 人，手术 1852 例。

2016 年，赵培泉率团赴非洲摩洛哥支援复明活动。因长途跋涉疲惫、时差等，他出现了早搏症状，但依然坚持奋战在手术台上。短短数天，全团顺利完成 208 例白内障手术，深受当地民众爱戴，为促进民族团结、国际友好做出贡献。

2018 年，赵培泉获 2016—2017 年度上海市卫计系统"优秀志愿者"称号。

2018 年 7 月和 8 月，他连续带团分赴西藏日喀则、新疆塔县进行慈善复明手术，将光明带到祖国有需要的各个角落。

此外，赵培泉还携手上海慈善基金会成立"慈善光明行"专项基金，个人率先捐款 30 万元，共募集 50 万元作为此项目专项启动资金。

行医 30 年来，赵培泉以实际行动诠释了一名医务工作者坚守医者誓言的初心、一名共产党员的使命担当。他用医者仁心，燃点无数患者的"光明"，无愧"中国好医生"的光荣称号！医

医德楷模

胡　海

上海市东方医院　主任医师、教授、胆石中心主任

肝胆相照"胡一刀"

——记上海市东方医院胡海

胡海，主任医师、博士、教授、博士生导师，全国五一劳动奖章获得者、国务院特殊贡献津贴专家、第二届国家名医，上海市"医德楷模"。

胡海是我国开展"微创保胆基础和临床研究"，并坚定推动"理性保胆临床实践"的领军人物之一。他至今已施行胆囊手术近 10 万例，本着"患者为中心"的原则，充分考虑病患需求，以最小的代价获得最优的解决方案。

纵身一跃，拥抱新领域

"我认为，社会需要是学科发展的最大动力。"

胡海，师从著名外科专家傅培彬和张圣道教授，博士毕业后留在上海瑞金医院工作。

20 世纪 90 年代初，云南曲靖医院开展了中国首例腹腔镜胆囊切除术，这一创举打破了他内心的平静。与此同时，距上海不远、名不见经传的张家港鹿苑医院，正充满活力地布局一场腹部外科的技术革命：冲击波碎石、腹腔镜等都成为主攻方向。诚邀各路精英加盟——这所乡镇级卫生院的呼唤，让胡海怦然心动。

1993 年 12 月，他毅然辞职奔赴张家港，创立"张家港胆石中心"。

"微创一定是外科发展的方向，传统技术一定会被新技术取代，到张家港去看看，有可能实现这一梦想。"连胡海自己都没有想到，这一决定竟成了他人生的转折点。

在设施并不先进的乡镇卫生院，他担任了 3 年胆石中心主任，成为当时中国最早从事腹腔镜胆囊手术的专家之一。

集中优势打硬仗，胡海用大半生的时间专注于"胆石病"这个看似不大的事业，在医疗实践中业绩凸显。

2004 年，胡海重回上海，带领东方医院胆石中心，连续 13 年位居上海市腹腔镜胆囊手术单病种第一名，先后被评定为浦东新区重点学科、浦东新区重点专科、国家卫生部微创（普外）培训基地、浦东新区临床特色学科。

2016 年，胡海担任中国医师协会内镜医师分会微创保胆专委会副主任委员兼秘书长。2017 年，担任同济大学医学院胆石病研究所所长，同年创立"胡海劳模创新工作室"。2018 年 12 月，担任上海科技发展基金会理事长。

行医 30 余年，胡海遇到的特殊病例不胜枚举：有病程长、病情杂的患者，有身患多种疾病的胆囊患者，还有安装了心脏起搏器的百岁老人……

他曾为怀孕 4 个月的病人进行抢救性微创手术，换来母子平安的幸福时刻；他曾为多次求医无门的强直性脊柱炎患者施行高难度的手术，赢得患者和家属道不尽的感激。

一位受人民群众爱戴的医生，必须是一位德才兼备的医学人才，能够担负起"救死扶伤，治病救人"的光荣使命。

在诊疗过程中，胡海坚持用亲切的语言、和蔼的态度、高度的责任感和高尚的医学道德情操面对所有患者。几乎每位经他治疗的患者都留有他的微信，他已经把自己所有的碎片时间都奉献给了患者。借助网络平台，他耐心解答每位患者的问题，最大程度上消除彼此间的芥蒂与障碍，融洽医患关系。胡海在好大夫在线上的点击量已超 3000 万，微医挂号网的医生热度排名全网领先。在他看来，患者无小事，无论门诊现场，还是网上咨询，关注患者的诉求才是对医疗最好的尊重。"医疗不是把手术做到极致，而是时刻关注病患需求，发现它，再用合适的方案解决它，这就足够了。"

理性保胆，锻造新技术

"人的精力是有限的，术业有专攻才能把事情做到极致。"

胡海专注胆石病防治，勤学苦练、潜心钻研腹腔镜技术。他的手术以干净、利落、严谨、细腻著称，手术时间、术后恢复时间都明显优于同行业，人送绰号"胡一刀"。其中，以"单孔腹腔镜手术、针孔腹腔镜保胆手术、免气腹腹腔镜手术、腹腔镜复杂胆囊手术"等技术为特色。

不懈的努力，筑就胡海成长的基石。他至今已获得国家专利 30 余项，其中发明专利 4 项，都已进行转化。他勇于创新，最早提出隐瘢痕理念，特有的内置式单孔免气腹腹腔镜手术装置为国际首创，获得美国专利及中国台湾专利，已成功投入临床应用，是目前国际上免气腹腹腔镜技术领域的最大技术突破。

他发表 SCI 论文 50 余篇，主持或参与国家自然科学基金 10 项，国家（973 计划）子课题、上海市科学基金、上海市卫生局基金、上海浦东新区科委基金等 20 余项课题。

求真务实、勇于探索、不断创新，这正是新时代工匠精神在胡海身上的集中体现。

为了提升攻坚克难的实力以服务更多患者，胡海组建起一支集临床、科研、教学为一体的立体化优势团队，其成员中不乏从德国、瑞典、美国学成归国的资深专家，团队实力大大增强。

不忘初心，方得始终。胡海团队一直将科研聚焦在胆石病研究上面，并要求大家将科研与临床紧密结合。

2008 年，胡海带领的科室列入上海市浦东新区重点学科，同年获得"国家卫生部微创（普外）培训基地"资格。

2011 年，正式挂牌成立"国家卫生部肝胆肠外科研究中心上海胆囊疾病研究所"。

2015 年，受中国非公立医疗机构协会委托，胡海筹建胆石病专业委员会并担任主任委员，使之成为国内唯一。

2021 年胆石中心被评为浦东新区临床特色学科，同年科室手术量近 8000 例，已连续 13 年保持上海市胆石病手术单病种首位。

对于团队，胡海严格要求；对于自己，更是恪尽职守。为了把"甘于奉献、大爱无疆"的职业精神落到实处，他多次前往井冈山等革命老区、新疆等偏远地区进行技术指导，把胆石病的最新治疗技术毫无保留地推广到祖国各地。

胡海热心公益事业，他带领科室多次向爱心基金会捐款累计达 50 万元。不少患者也被胡海全心服务病人、全意维护健康的精神所打动，更有患者一次性捐款 120 万元。他还带领团队走进社区，近距离接触更广大群众，至今已完成 30 余次社区科普讲座及义诊。

此外，通过胆石病专业委员会的运作，胡海团队定向对成员单位进行技术帮扶，整合目前胆石病治疗的数据信息，科学、客观地促进胆石病的预防与治疗，有效地将多年研究成果惠及更多民众。

全球第一，畅想新时代

"做就做到全球第一！" "把保胆取石的微创手术做到全球第一，是我的理想。"

胡海致力于胆道外科，勇于担当，精益求精。他在东方医院建立了全国三甲医院中唯一以胆石病为主攻方向的专科，开了中国乃至全球的先河。在他的带领下，东方医院胆石中心实现了多项第一：第一例腹腔镜胆囊切开取石术，第一个提出隐瘢痕概念，我国第一例针孔腹腔镜手术，国际首创中空式免气腹腹腔镜手术术式，国内首创胆囊穿刺套管获得国家发明专利证书。腹腔镜胆囊切除从四孔到三孔、从常规戳孔到迷你戳孔、从三孔到二孔的演进，现在发展到了隐瘢痕。

很多患者是大老远慕名而来。在周密的流程管理下，全部 100 余张病床每周满员周转两次，所有的环节无缝衔接，病人 3 天就可以出院。东方医院已经连续 10 年在上海市单病种胆囊手术量的统计榜上排名第一。

凭借过硬的技术，胡海不断成功挑战高难度。他曾为患有急性胆管炎、胆总管结石、胆囊结石的 102 岁老人进行腹腔镜联合胆道镜的微创手术治疗；又为患有胆囊充满型结石、胆囊炎、胆总管结石、胆总管扩张的孕妇进行腹腔镜下胆总管切开取石及胆囊切除术。

胡海领衔的胆石中心，已经形成保胆治疗和隐瘢痕手术两大技术优势，这正是全国乃至国际病人源源不断前来治疗的主要原因。

"外科 4.0 时代就是超级微创——无痛、无瘢痕、无气腹、无复发、无住院"，而胡海的梦想是实现胆石病治疗的 5.0 时代——"无刀可开"：利用大量科学研究搞清防治机制，将息肉、结石等扼杀在萌芽阶段。

医疗事业犹如万里长征，它需要勇敢的心和坚强的毅力才能一步步走下去。放眼未来，胡海的目标是让东方医院胆石中心跻身全球第一。他和团队成员的每一次手术都精心对待：每一个因人而异的术式，每一个隐蔽的切口，都成为品牌的绝好背书。他手掌上厚厚的老茧是与胆囊"斗争"30 多年的真实见证，而种种荣誉证书则是对他多年执着追求的最高褒奖。

胡海嘴唇上方留着两撇"阿凡提"胡须，认真起来，他总习惯性地将一捋自己的胡子。就凭着这认真、不惧挑战的劲儿，胡海步步坚实：从普通 LC 手术到隐瘢痕，从切除胆囊到保胆手术，从气腹手术到免气腹手术，从单孔手术到针孔手术，到最近的中空式免气腹手术，——他真正做到了胆石病治疗的个性化、人性化、艺术化。医

医德楷模

皋 源

上海交通大学医学院附属仁济医院　　主任医师、教授、重症医学科主任

危重患者抢救的"定海神针"

——记上海交通大学医学院附属仁济医院皋源

皋源，仁济医院重症医学科主任。他领衔建立了与国际接轨的标准化诊治规范和专业化治疗团队，为相关科室高危手术的开展和危重患者的抢救提供了专业的保障。由他坐镇的重症医学科，为患者筑牢了一道坚固的生命防线。

捧着一颗仁爱的从医初心

"'临床'就是要走到病人的床边，深入细心了解病人的状况，只是看电脑、看数据是不能解决问题的。"

从医近 30 年的皋源，始终保持着一颗仁慈博爱的心，对待病人无论老幼贫富，均一视同仁，关爱体贴之情如同对待自己的亲人一般。同事曾多次听见他对正在操作吸痰的护士说，"吸痰很难受，下手要轻柔"，并亲自示范；更多次亲眼见他边把被单盖在病人袒露的肩膀上，边叮咛护士说："虽然是夏天，空调温度下病人露肩会受凉，量好体温、打完针，记得要替他们盖好。"

70 多岁的吴阿婆是患者家属，她的老伴因胃癌切除了 4/5 的胃，后因化疗药物严重过敏而被送入仁济医院重症监护室急救。吴阿婆始终记得，那一天，皋源急匆匆地跑来找她，第一句就是"对不起"。"他说想要用一种进口药试试，但要自费，觉得很抱歉。"患者很意外，一个科主任居然说话这么诚恳。这还不算，用了几次见效了，他对患者说，"这个药你不要用了，别人要用，你可以'转让'"。这天，吴阿婆把这件事记在了手机里："一个医生想方设法帮你省钱，要说他们拿回扣，我不信。我们对医护人员既没送礼，也没塞红包，却得到他们尽心尽责的救护，让生命有了转机，使痛苦中的我们看到希望，感觉这里像是一片净土。"

病家常常发乎内心，向皋源的救命之恩表示感谢，他总是平静地说："人的一生总会碰到一些困难，有困难总需要有人帮助。我是医生，只是尽我所能。"而科室的医生、护士、病人、家属都非常尊重他，信赖他，不仅因为医术，更因为医德。

他还具有严谨的科学态度，承担了多项国家级研究任务。他医德医风高尚，对病人一视同仁。作为医务人员，一贯廉洁守纪，严格执行"九不准"规定。作为中国共产党党员，时刻起到先锋模范带头作用。作为基层党支部的支部书记，能认真贯彻党的路线、方针和政策，凝集周围同志共同进步。

锻造一支"骁勇善战"的队伍

"不要说'如果'，因为生命没有'如果'。人体是很复杂的，有时你看到的是表面现象，不一定是真相。"

重症医学科是一门新兴的学科，大众对其知之甚少。在仁济医院，重症医学科于 2014 年成为一个独立科室，2021 年才成立住培基地，人员培养和招聘是科室需要面对的一个难题。用皋源的话说，科室里不少是"半路出家"。为此，他要求每个进入 ICU 工作的医护人员都要再接受理论知识及临床操作的系统培训，要牢固掌握重症专业的理论知识和操作基本功，要熟悉内外妇儿等各科的专业知识，甚至一些常规的护理操作技能也要熟练掌握。"虽然辛苦，但掌握这些，危重患者的生命才更有保障"，他总是如此要求团队的医护人员。

抢救的成功与否，与团队中每一个成员的能力、技术、知识的水平都息息相关。皋源深知，若要更好地保障危重患者的生命安全，拥有一支"骁勇善战"的医护人才队伍是非常重要的。他既是一名医者，又是一名师者，更是一名共产党员。他爱岗敬业、学识渊博、仁心仁术，是一名优秀的学科带头人，一位生命的领航者。

皋源每日的查房不仅认真，甚至有点严厉。为了提高团队业务水平，平时宽容谦和的他在查房时会不顾情面，把年轻医生问得张口结舌。他经常告诫年轻医生，所谓病人"突然"不好了，在大多数情况下是"突然发现"病人不好了，因为不好是有过程的，只是没有被发现。"我们就是要仔细观察、及时发现，才能及时医治。"

在皋源的指导下，仁济重症医学科青年人才辈出。全国重症大会最佳青年研究奖、入选上海市级人才培养计划、上海市脓毒症辩论赛第一名、上海市镇静镇痛病例比赛第一名，这些成果的涌现标志着仁济医院重症医学科已经形成一个学科特色鲜明、人才梯队合理、医教研全面发展的临床一级诊疗学科。而这支由他亲手打造的"骁勇善战"的医护团队，更是为挽救危重患者的生命加上了双重"保险"。

他所带领的团队创造了优秀的医疗记录：对脓毒症的抢救成功率高达 85%，达到世界一流水平；与产科合作抢救了上海市 30% 的危重孕产妇，抢救成功率高达 99.5%；与肝移植合作，为手术量和成功率居世界领先提供了坚实保障。

守护生命的最后一道防线

"病人生死相托，我必全力以赴。"

老龄化社会，率先体现在三甲医院。随着手术不断打破年龄禁忌，重症医学科接诊的八九十岁甚至百岁老人越来越多。冠心病、慢性心衰、慢性阻塞性肺炎……年龄的影响因素太多。然而，留给医生"推敲"的时间可不多。这些老人在各科室做完手术后被送到监护室度过"最危险期"。10 多张床位上的病人，年龄加起来能超过 1000 岁。重症监护室对重大、高危手术患者术后康复往往起着决定作用，承载着难以衡量的压力。皋源带领团队竭尽全力，坚守生命的最后一道防线。

一个 60 多岁的病人刚经历了一次食管癌手术。在住满了危重高龄患者的重症监护室里，这个年纪甚至还算"壮年"。患者的手术很顺利，但术后突然发生不明原因的血压降低，情况危急。正当大家还在疑惑的时候，皋源坚定的声音响起："这病人虽然有心脏病史，但此时不考虑心源性问题。刚刚接受大手术，应该是出血！当务之急是快找出血点！"超声显示腹腔积液。"快速补液，抗休克治疗！"皋源沉着冷静地指挥着抢救，医护团队通力协作，快速推进。果然，手术探查发现，该患者是脾脏出血。医生当即采取止血措施，患者情况迅速平稳，从死亡线上被拉了回来。

每一个重症患者都在这里获得倾尽全力的守护。有一次整整 72 小时，皋源带领重症医学科，与妇产科、麻醉科、心内科、心血管外科等科室的 10 多个医生 3 天没回家，大家拼了命，全力挽救一个产妇的生命。这是一个有严重先天性心脏病的二胎产妇，重度肺动脉高压，房间隔缺损。按照教科书所描述的，这类产妇在娩出婴儿后的 72 小时内是最危险的时候。当时，产妇顺利娩出男婴，但剖宫产术后，危险也真的发生了——产妇出现肺动脉高压危象、右心衰竭，心跳停止，随时有死亡的可能。为了从死神手中夺回这位母亲，皋源带领着医护团队不间歇地进行胸外按压，整整按压了 90 分钟，终于让她的心脏重新恢复了跳动。大概是受到了医者不离不弃精神的鼓舞，就在大家坚持不懈地抢救 72 小时后，这个妈妈终于好转了，呼吸机脱机，很快转出重症监护室，一家团聚。阖家幸福的背后，有着白衣战士的默默支撑和坚守。

其实，像这样的抢救情景几乎每天都在重症医学科病房上演。当疾病如猛虎般袭来时，医生手里的线索往往是不详的病史、暂不全面的检查结果，对医生来说最大的挑战是如何快速作出正确判断。在这种情况下，皋源丰富的临床经验让他往往如"神探"一般，对病情的判断一击即中。有他坐镇的重症医学科，为患者筑牢了一道坚固的生命防线。

常人会认为，医学走到今天，疾病和治疗如同一把钥匙配一把锁，总是搭配好的。而在重症医学科，真实的抢救现状是医生面前往往摆着三四条路，怎么选？考验着医者的经验、判断还有责任心。身兼医者和党员，应当有着"为人民谋幸福"的使命担当。而这，正是皋源的真实写照。医

医德楷模

谢 青

上海交通大学医学院附属瑞金医院　　主任医师、教授、感染科主任

责无旁贷，巾帼显身手

——记上海交通大学医学院附属瑞金医院谢青

谢青，现任上海交通大学医学院附属瑞金医院感染科主任、二级教授、博士生导师。她始终工作在临床第一线，长期从事感染性疾病及公共卫生防控的医教研工作。

"乙肝摘帽工程"，让病人走在阳光下

"这些病人大多是 20 至 40 岁的青壮年，看到他们倒下，我既惋惜又痛心，就寻思，如果能救活一个人，就等于拯救一个家庭，再难都要把这块硬骨头啃下来。"

20 世纪 80 年代末我国重症肝炎病死率接近 100%，目睹这一个个鲜活美好的生命消逝，谢青在导师沈耕荣教授的指导下，不断攻克这一顽症，并提出重症肝炎的综合治疗方案，迅速使不治之症的病死率下降至 65%，如今更是将死亡率控制在 40% 以内。据上海申康医院发展中心统计，谢青带队的瑞金医院感染科每年收治的重症肝炎人数占整个上海市级医院收治数的一半以上。

瑞金医院是国际上最早提出乙肝"临床治愈"这一概念的单位之一。随着慢性乙肝抗病毒治疗水平的逐渐提高，医院开始追求更高的目标：HBsAg 的清除——即慢乙肝的功能性治愈，这也是乙肝抗病毒治疗的"金牌"。摘得此项"金牌"，是慢乙肝患者治疗的终极目标，它意味着：从此就可摘掉慢乙肝的帽子了。在巩固期过后，患者不再需要长期服用抗病毒药，复发的风险也大大降低。

谢青团队采取早发现、早治疗和科学管理的方式，把过去乙肝病程发展三部

曲：慢乙肝、肝硬化、肝癌，乃至重症肝炎的疾病能控制在第一阶段不再往下发展，通过个体化、RGT 的优化治疗方案，能让超过 30% 的患者达到临床治愈——这也是目前慢乙肝治疗能达到的最高境界。达到临床治愈的患者，意味着已经完全摘掉了慢乙肝这顶沉重的"帽子"，不再需要依赖任何抗病毒药物，患者今后肝癌的发生率也将极大降低，甚至还能和正常人一样参与献血。

目前谢青正带领团队研究乙肝治愈的新方案，将研究成果不断转化，"摘帽工程"已经可以让至少 1/3 的病人通过有效的治疗方案优化，把乙肝帽子摘掉，让他们正常、快乐地生活在阳光之下。

谢青立足本职工作，不忘初心，全心全意为病患服务，践行"敬佑生命、救死扶伤、甘于奉献、大爱无疆"的崇高职业精神。

一位年仅 29 岁的年轻患者因牛皮癣服用了 10 年的药，引起了肝硬化、间质性肺炎、发烧等。他的妻子刚刚生好孩子，父母带着他来找谢青求诊。尽管病情复杂，治疗难度很高，涉及的系统多，且又是一个大都不太愿意收治的患者，但谢青还是把他收到了病房。在病房里，患者病情一度急剧恶化，出现呼吸困难，全身皮肤就像一层白纸一样，每天要脱一层皮屑。谢青和重症 ICU 医疗团队一起合作联合诊治，成功救治了这位患者，目前该患者已康复出院。谢青说："回过头来想想，如果当时我把他放弃了，或许他已不在人世了，那他的父母怎么办，妻子怎么办？五个月大的孩子怎么办？真的是治愈一个患者，就是拯救了一个家庭。"

一位来自安徽的患者，发烧 39 ℃以上，在外院已经辗转三个月，都查不出发烧原因。患者和她丈夫来到谢青的门诊，她丈夫对谢青说："谢主任，我们已经走投无路了，在全国各地辗转三个多月，钱也花得差不多了，求求您救救我的老婆，即使倾家荡产我也要救她。"谢青收治了这位患者。整整两个月时间，经历了多次血培养和骨髓活检，经过病房医疗团队的精心摸查和 MDT 的会诊，终于将发热的凶手找了出来，最后确定是淋巴瘤。这位患者夫妇都是拾荒的，丈夫文化低，脾气差，一着急就骂护士、骂医生。谢青做了大量的工作，她对护士说："这家人很可怜，我们要包容一些。"经过四五个疗程的化疗，患者康复了，夫妻俩送了两面锦旗给谢青和科室。

她热爱公益，践行社会责任。2006 年起坚持每年举办两场大型义诊，受益市民近万人。每年组织多个临床技能、管理培训项目，将瑞金临床救治、管理经验传播到全市各医院感染科、各区县传染病医院及社区全科、民办医院，助力健康中国梦的实现。

谢青廉洁行医，模范执行医德医风各项规章制度。她一贯温和与耐心，在病人中赢得极好的口碑。对每一位危重病人，她心中有数。这出自她几十年行医生涯形成的自觉习惯，更源自与生俱来的责任感。

励精图治，感染科跻身全国第四

> "SARS、重症甲流、禽流感、新冠病毒……每一次传染病暴发的时候，感染科始终与医院同道们一起奋战在第一线，这是瑞金人责无旁贷的担当，我们必将全力以赴，不辱使命！"

2002 年，39 岁的谢青临危受命，在一片废墟上，重建感染科室。十几年来，她带领一个学科，从荒芜走向辉煌，规模跻身全国前四。如今，感染科和血液科、内分泌科等学科齐肩，成为瑞金医院的金字招牌，特别在肝病与重症肝炎、发热待查等领域的特色和实力，吸引了全国患者慕名而来。

当普通人面对传染疾病望而生畏时，总有一些白衣战士坚定地走向隔离区。每逢重大公共卫生事件救治，谢青带领着团队一如既往地冲锋在前，成就了一次次医界最美的逆行。

2002 年，谢青团队诊断了上海的第一例和第二例 SARS 病例。

2012 年，她们承担了整个上海市的重症甲流诊疗工作，一个楼层的病房集中收治了 23 例重症甲流患者。采取多学科综合实力，没有一例死亡，也没有一例医护人员感染。

2014 年，亚信峰会在上海召开，这是中国首次担任亚信主席国。有近 40 个国家和国际组织派团与会。这次会议期间的传染病应急突发疫情的临床诊治保障也是由谢青团队来承担的。

2020 年，抗击新冠疫情。谢青自己术后刚出院，就毅然投身抗疫第一线。"不想认命，就去拼命。人就是被使命、被责任推着走的。"这是谢青作为团队领路人的责任与担当。

立足国际前沿，学术成果斐然

"我始终相信，每一个光彩照人的背后，都有一个咬牙奋斗的灵魂。或大或小，或早或迟，你的努力终不会被辜负。"

谢青除医疗工作外，还承担了大量的教学及科研工作。她作为第一负责人承担了国家和省部级科研项目 44 项（国家自然科学基金 9 项、国家科技部"十一五"、"十二五"、"十三五"重大传染病专项 13 项、上海市三年公共卫生行动计划等项目）。谢青共发表论文 277 篇，其中 SCI 收录论文 91 篇，总影响因子 415 分。她以第一作者或通讯作者共发表论文 204 篇，其中 SCI 论文 56 篇，影响因子大于 5 分共 14 篇，大于 10 分共 4 篇，包括感染病和肝病领域 TOP 杂志 Hepatology、J Hepatology 和 C Infect Dis，J Infect disease 等，总影响因子 189 分。她近 5 年发表的代表性论文 20 篇被他人引用 314 次。她还参与并执笔制定 10 部肝病领域诊疗指南。谢青在开展肝脏病学研究的同时，注重基础与临床的结合，并转化成果 10 项，在全国范围内推广应用，其中以第一完成人获上海市医学科技进步一等奖、华夏科技进步一等奖和上海市科技成果推广奖等，以项目主要成员获得国家科技进步二等奖、教育部二等奖、上海市科技进步一等奖。

谢青用自己的行动诠释着医者"救死扶伤、无私奉献"的崇高品质，获奖无数。

2005 年获"上海市三八红旗手"；2007 年获"上海市卫生系统先进工作者"；2008 年获"全国卫生系统先进工作者"；2010 年获"上海市医学领军人才"；2011 年获"全国卫生系统职业道德建设标兵""上海市领军人才"；2012 年获"上海市优秀学术带头人""上海市五一巾帼奖"等荣誉称号。2017 年获首届"国之名医"，同年在"敬佑生命，大爱无疆——2017 医药卫生界生命英雄推选活动"中获"平凡英雄"；2018 年获上海市十佳公共卫生工作者，同年获国务院政府特殊津贴。

　　"一个学科的发展，领头人固然重要，但如何凝聚人才，让大家齐心协力，才最关键。"谢青作为上海市感染性疾病临床质量控制中心主任，她带领的质控中心连续多年获评"上海市优秀医疗质量控制中心"。

　　"面对困难从不言弃，面对荣誉安之若素"，这，是对谢青最佳的诠释，也彰显了她为人的朴素踏实和处事的云淡风轻。这份安然与平静，源于她对过去、现在和将来一视同仁的尊重。医

詹红生

上海中医药大学附属曙光医院　　主任医师、教授、骨伤科主任、骨伤研究所所长

手到病除

——记上海中医药大学附属曙光医院詹红生

上海市中医药研究院骨伤科研究所长、曙光临床医学院中医骨伤科学教研室主任、博士生导师詹红生，带领曙光医院"石氏伤科"团队，始终坚持"临床为基础、科研为导向、教学为根本"的工作方针，始终致力于丰富"石氏伤科"流派的学术内涵和外延，整合了全国中医药高校中医骨伤科学教学体系，探索流派传承与中医人才培养结合的有效途径，坚守在培养中医骨伤科人才的第一线。

求"实"拒"贵"，坚持造福患者

"多做事，做好事。少说话，说真话。苦读书，读百书。乐育人，育新人。"

作为海派中医石氏伤科的传人之一，詹红生传承石氏伤科近 150 年积淀和石印玉教授临床经验。他长期致力于慢性筋骨病损和脊柱源性疾病防治研究、中医药临床评价方法学研究，擅长运用整骨手法、导引练功、针灸、中药等石氏伤科理论和技术诊治脊柱、关节、筋伤病症和脊柱源性疾病，赢得病人"手到病除""妙手回春"交相赞誉的口碑。

为了让患者以最少的付出获取最大的疗效。他处方用药求"实"拒"贵"，讲究"简、便、廉、验"。此外，他常常选择收费低廉、疗效显著却大量耗费自己个人精力与时间的方法为患者治疗。他为病人开具不用花费一分钱却又效果显著的运动处方，带领团队整理研究了 7 套导引练功康复操，手把手教会病人，积极帮助患者康复。这些工作对患者防病治病和自身保健效果显著，但需要花费他大量的时间与心血，几乎没有经济收益，詹红生却依然身体力行、坚持造福患者。他以精湛技术和独特的人格魅力吸引来自全国各地和海外的患者，门诊爆满已是常态，甚至连节假日都不能休息，他依然乐此不疲。

他系统整理研究治疗颈椎病技术——仰卧位拔伸整复手法，获上海市临床医疗成果三等奖，被国家中医药管理局列入首批中医临床适宜技术推广计划项目在国内推广应用。

他创新颈椎病病机认识，规范诊治技术，优化诊疗方案。作为主要完成人之一，他创制治疗骨质疏松的国家级中药新药芪骨胶囊，并阐释其多靶点多环节作用机制，获教育部提名国家科学技术奖自然科学奖一等奖并转让和产业化；研制治疗膝骨关节炎的中药新药芍药舒筋片，获国家发明专利和中药新药临床研究批文并转让。

"詹红生上海市名中医工作室团队门诊"已于曙光医院启动。团队门诊打破了传统门诊的就诊模式，实行名中医、学术继承人骨干和青年医师的三级分级诊疗和有序门诊预约等创新模式。根据患者病情有序安排接诊医生，再根据病情变化进行上下转诊，体现以"病人"为中心的门诊诊疗模式，合理分配医疗资源，提升同质化服务意识，改善患者就医感受，为培养中青年流派学术继承人，保护传承、推广发扬名中医学术思想与经验做出贡献。

詹红生被评为 2016 年"上海市教卫工作党委系统优秀共产党员·医德标兵"，获 2017 年度上海市五一劳动奖章，获上海市"医德楷模"荣誉。

植杖耘籽，心系中医药人才培养

"学无止境，博采众长，这样整个学科学术才能够发展。这样的老师，我觉得对学生来讲，就是最好的老师。"

詹红生 1983 年投身中医医疗工作，1988 年开始从事中医科研和教学工作。他致力于慢性筋骨病损防治研究、中医药临床评价方法学研究及中华养生文化与技术的传播。

詹红生大力开展科学研究，积极带动学术创新，先后承担各级各类科研课题 50 余项，其中，国家级课题 8 项；获各类各级科技成果奖 20 余项；申请专利 12 项

（已授权 8 项）；发表学术论文 200 多篇（其中 SCI 收录 50 余篇），出版学术著作 12 部（种）。

繁忙的临床工作之余，他始终心系中医药人才的培养。他坚持每学年给本科生上课 40 学时以上，每两周组织 1 次研究生业务学习和专题讨论。通过现代医学研究生培养和以名中医工作室为平台的传统师带徒教育的模式，双管齐下，哺育后学。

詹红生秉承"授之以鱼，更要授之以渔"的教学理念，于细节处下功夫，在潜移默化之中用正能量影响学生，并引导学生塑造正确的人生观、价值观，激发他们的求知欲望和探索精神，养成良好的学习习惯，用真实的临床案例让学生感受到鲜活的中医魅力，从而坚定学中医、干中医、用中医的信心。

他对待学生也是严格要求、丝毫不会懈怠，他会经常利用自己的休息时间为学生分忧解难，是学生心目中的好老师。为了提高学生的学习积极性，他不断创新教学方法，提出以"分层教学，开放教育，优化考核"为核心的教学新模式，并不断改良和完善，取得较好的实践教学效果，受到学生和同行的好评。

他主编及参编教材二十余部，包含：全国中医院校本科生规划教材《中医骨伤科学》《中西医结合骨伤科学》《中医筋伤学》《中医气功学》，国家住院医师规范化培训规划教材《中医骨伤科学》及全国中医院校本科生首部《中医骨伤科学》慕课教材。由他领衔的课程荣获国家精品在线开放课程、国家精品视频公开课、上海市教学成果奖、上海市优秀教材奖和精品课程等荣誉。

一直以来，他坚持将教育与临床医学灵活相融，开发多元化的教学模式，致力于培养更多热爱中医、立志传承中医学问的年轻医生。

致力公益，"线上、线下"立体式科普

"面对百姓的健康需要，我们还需继续加倍努力，做好传承、发展和创新工作，培养出一批又一批优秀的传承人，不断提升临床诊治水平和服务能力，服务好更多的百姓大众。"

詹红生很早就在"好大夫"网上注册，为患者免费在线答疑。虽然网站一直建

议他收取相应的专家咨询费，但他仍坚持免费，并根据患者需求延长免费咨询的开放时间。

除在线答疑之外，他还主编并出版了《随处可见的筋骨损伤》国家级视频公开课教材、上海市老年教育普及教材《老年人骨关节疾病 100 问》《颈椎病的防与治》和《强骨健筋拓新篇》电子光盘等科普视频。

他还参与电视台"名医大会诊""X 诊所""养生东西方""扁鹊会""健康大不同"等栏目建设，将健康知识带进千家万户。

他长期坚持"线上、线下"立体式科普，走出医院，走进基层社区、企事业单位，甚至赴云南、甘肃、陕西偏远地区开展科普讲座和健康保健咨询。

为了惠及更多百姓，他还牵头建立了"筋骨健康俱乐部"，由科室专人负责日常维护，每月举办一次公益性活动，面向社会开放，科室资深专家与百姓互动，受众累计逾万人次。

从医三十余年，詹红生躬身实践，仁心仁术，妙手回春；诲人不倦，十步芳草，广育英才。他曾获得上海市名中医、教育部新世纪优秀人才、全国百名杰出青年中医、全国优秀中医临床人才、中国中医药十大杰出青年、上海领军人才、上海市育才奖等荣誉称号。医

医德楷模抗疫
特别奖

医德楷模抗疫特别奖

于亦鸣

上海市同仁医院　呼吸与危重症学科主治医师

筛查出上海首例"新冠"患者

发热门诊"守门人"

——记上海市同仁医院于亦鸣

　　于亦鸣，临床医学硕士，上海市同仁医院呼吸与危重症学科主治医师。2020 年 1 月 15 日，于亦鸣临时支援院内发热门诊。问诊时，他敏锐地捕捉到患者的不寻常线索，及时筛查出上海首例新冠患者，打响了上海市抗疫第一枪。

　　每当有人提起这事，于亦鸣总是极其淡然，笑着连声说道："碰巧、碰巧！"这看似偶然的一次发现，来自他十几年来对患者的体察入微的积累，也饱含着他对医学事业孜孜不倦的求索。

看病，也看人

"做医生，埋头读书不如抬头看人。我更加知道了问诊的重要性，需要对每个病人认真负责，不漏过一点蛛丝马迹。"

　　于亦鸣自小就向往成为一名良医。2007 年，他从上海交通大学医学院临床医学专业毕业，如愿披上了白大褂，入长宁区中心医院（现上海市同仁医院）工作。经过一年全院大轮转，他被呼吸内科金晓燕主任纳入麾下，后又师从同济大学附属同济医院余莉教授、徐镶怀教授，获得医学硕士学位，并在 *Annals of Translational Medicine* 发表 SCI 论文 1 篇。

　　呼吸内科医生是综合性医院危急重症疾病救治和传染病防控中一支重要的力量，在年复一年高强度的历练中，于亦鸣的业务能力日臻成熟，临床思维愈加缜密。对于呼吸内科常见的胸腔闭式引流、支气管镜检查等操作，他驾轻就熟。科里的医生遇到穿刺困难，都会习惯性地找"小于哥"帮忙。很多恶性肿瘤或结核性胸膜炎患者，常常需要反复抽胸水，只要经由于亦鸣治疗过，就一定从此认准了他；他若是休息，患者就非得等到他来才肯做。

2019 年，于亦鸣作为呼吸内科主任的第一助手，参与"呼吸与危重症医学科（PCCM）"规范化建设的迎评工作。他在完成日常繁忙医疗工作之余，仔细研读评审标准，和团队成员一起认真准备迎检资料。终于，"功夫不负有心人"，同仁医院成为全国首批呼吸与危重症医学科示范单位。

于亦鸣眉清目秀，看人总带着几分笑意，嘴也甜，病人和家属都喜欢和他交流。其他医生遇到难缠的病人，他出马一定能搞定。其他科室的医护人员，甚至护工、保安都与他相熟，遇到呼吸科疾病都习惯找他，间或介绍熟人来看他的门诊。每每此时，于亦鸣总是不厌其烦，乐此不疲。

其实，于亦鸣愿意和病人聊天，并不是他天生健谈。他喜欢用这种方式了解、观察患者，从言谈举止中获取患者的更多信息，让自己的临床诊断有丰实的依据。正是这经年累月积淀的职业习惯，让他在"新冠"疫情期间一线诊断时，捕获了关键信息，为上海守住了开放的门户。而这良好的开局，彰显着上海医生的专业、敬业，也为抗击"新冠"疫情的最后胜利奠定坚实的基础。

察言观色，第一时间拉响警报

"幸好没有漏诊，没有给大家造成更大的危害。"

2020 年 1 月 15 日，进入流感季后，作为呼吸科医生的于亦鸣被派遣临时支援发热门诊，"病人比较多，晚饭后发烧病人络绎不绝，一直忙个不停"。

晚上 10 点左右，一向细致入微的他，在对一位女病患的例行问诊中，敏锐地捕捉到不寻常："她说自己是从武汉来看在上海工作的女儿和女婿的，抵沪之后就觉得自己身体不舒服了。""发热咳嗽""精神萎靡"，这些字眼让他突然警觉——"作为呼吸科医生，我也一直在关注新冠病毒，但是那时候还没有扩散开来。当这位老太太说自己来自武汉时，因为职业敏感性，我的脑海里突然就想到了'新冠'肺炎这个疾病。"他给这位来自武汉的患者安排了胸片检查。

影像学表现进一步印证了于亦鸣的猜想：患者的两侧肺部呈现多发渗出病灶。再结合患者血象及流行病学史，让于亦鸣更加怀疑这是一名"新冠"肺炎患者。他一边安慰患者，一边立刻向院总值班和医务科报告。

于亦鸣的职业素养和警觉性，让这一无从参照的"特殊患者"，以最快速度得到"特别处理"——感染科行政副主任刘岩红在得知情况后，立即将患者移至发热门诊常设的独立留观室，该留观室由两扇门阻隔，可以做到完全隔离。同时，要求当班医生和护士马上穿上一级防护装备。

第二天早晨8点半，院内专家紧急会诊，区疾控中心的流调团队也及时赶来。多方给出了一个最初的判断——不能排除患者感染新冠病毒的可能，而此时，一份疑似新冠病毒的样本，已经在送往国家疾控中心的路上了。会诊当天，这位患者就被转移至同仁医院传染病楼的独立隔离病房。

5天之后，国家卫健委确认这是上海市首例输入型"新型冠状病毒肺炎"病例。同仁医院联合多学科专家积极治疗，使这位阿姨在除夕夜治愈出院。

于亦鸣坦言，整个过程中已经做好防护，但是依然会有点担忧，担心会传给同事、传给家人。为了做好防护，在发现疑似病例时，于亦鸣作为密切接触者，接受了居家隔离和医学观察。"儿子已经送到山东外婆家，我太太也是医生，很理解我。"于亦鸣就自动成为上海首批居家观察的人，一个人一个房间，餐具分开。

当首例"新冠"肺炎确诊消息传来，于亦鸣已经居家观察了五天。他当时的第一反应是："幸好没有漏诊，没有给大家造成更大的危害。"

"我看病一直喜欢多问问、多想想。每个病人我都会习惯性地观察一下他的表情样子、言行举止，甚至是陪同他看病的人。"这位患者的确诊，真的只是一个偶然，于亦鸣凭借呼吸科医生的职业判断力，第一时间拉响了"警报"。

在抗击疫情的日子里，于亦鸣始终奋战在抗疫一线，全力以赴继续在岗位上救治患者、服务患者，不负重托、不辱使命。2020年，他获上海"医德楷模抗疫特别奖"。

推广同仁经验，打满抗疫全场

"获奖，对我来说，是一种动力，也是种压力。在今后的工作中，还是要更加地仔细、认真。"

解除居家观察后，于亦鸣再度回到工作岗位。他第一时间报名加入驰援武汉的后备梯队，他说："国有难，召必应，战必胜。"

新冠疫情全面爆发后，呼吸内科成了医院最忙碌的科室之一。本来冬季就是呼吸疾病高发的时节，又要支援发热门诊，参与疑似病例的会诊筛查，于亦鸣和他的同事们白天、黑夜连轴转……

在第一例确认患者出现之后，同仁医院提前预判，开启新升级的传染病大楼所有区域的功能，快速将隔离病房增加到 16 间。低度、高度疑似患者可在不同楼层留观，设重症病房一间，配备呼吸机、除颤仪、心电监护等抢救设备。

春节前，有 400 余名医务职工第一时间报名投入志愿者行列。至 2 月底，医院筛查确诊新冠病例 46 例、排除 58 例，初筛精准率为业界称道，实现"患者零漏诊，医护零感染"的目标。在上海市疫情暴发期，医院坚持"一手抓疫情防控、一手抓日常医疗"，一边出台"最严管控令"，一边满足市民正常就医需求，以安全、便捷的服务回馈社会，守护上海的父老乡亲。

在疫情全球蔓延的时期，作为离虹桥机场口岸最近的综合性医院，全院严防死守、深挖潜力、调配资源，先后派遣多支医疗队，支援机场、海关、隔离点等。

在复工、复产、复市的关键时期，医院率先向企业、社会开放核酸检测点，不断优化流程、提速增效，实现当日检查、当日报告。

当疫情趋于平稳后，医院又积极响应上海市政府、市卫生健康委的号召，制定并落实"医防融合、平战结合"的常态化防控方案，加强自警意识。尤其值得称道的是，这一方案由上海市新型冠状病毒肺炎疫情防控工作领导小组办公室专门发文，在全市医疗机构广泛推广"同仁经验"。

在这场新冠肺炎阻击战中，同仁医院作为上海市长宁区最大的综合性医院、唯一的区域性医疗中心，担纲了三重角色，即首批发热门诊定点医院、国境口岸传染病防控定点机构和上海市首个对社会开放的核酸检测点，打满抗疫全场，交出完美答卷。

80后的于亦鸣，温文尔雅却不乏拼劲和韧劲，是当代青年医生的缩影。十余年呼吸道疾病诊疗、危重症救治、呼吸道传染病防控的锤炼，使得他拥有敏锐的洞察力和果敢的决断力。

回归日常，他一如既往播撒着"暖男"的热力，苦活、累活抢着干，大事、难事争着上。十余年如一日，在平凡的岗位上创造着不平凡的业绩。

在上海，正是一个个像于亦鸣这样负责的医生在发热门诊做好"守门人"，使得新冠肺炎病人第一时间得以发现，尽早治疗，尽可能阻挡了新冠病毒扩散。医

医德楷模抗疫特别奖

王小光

上海市闵行区疾病预防控制中心　　主任技师、微生物检验科科长

疫情中的一道"光"

——记上海市闵行区疾病预防控制中心王小光

王小光，中共党员，现任闵行区疾病预防控制中心微生物检验科科长、主任技师，闵行区专业技术拔尖人才，闵行区卫生存量人才学科带头人，复旦大学公共卫生学院校外硕士生导师。他是防疫战线上的老兵，是抗疫先锋队的主帅。同志们戏称他是"疫情中的一道光"!

疫情防控"阻击手"

"从来都没有从天而降的英雄，只有挺身而出的凡人。"

大疫如大考，危难时刻显本色。新冠疫情突如其来，有着 35 年工作经验、曾参与过 H7N9、H1N1 等重大传染病防控工作的疾控"老兵"王小光，在疫情之初就凭借着多年的工作经验和敏锐的洞察力，第一时间察觉到危机。他迅速反应，通过各种渠道了解原因；筹备物资，立刻申请了针对本次疫情的核酸检测试剂盒；开展培训，对微检科的同事进行知识培训，争分夺秒与疫情赛跑，为防控疫情争取到了宝贵时间。

2020 年的除夕，在接到上级紧急通知，微生物实验室要负责检测区内新冠病毒的标本后，王小光放弃休息，抓紧一切可以利用的时间，立刻投入到各项紧急的准备中。这位坚守在防疫第一线的老兵，为了能省下更多的时间来工作，甚至连一日三餐的时间都能省就省，一个馒头、一杯水，就解决了一餐。从实验室布置到物资调配，从人员安排到情绪安抚，他都亲力亲为。

公共卫生安全防线上，除了疫情现场果断处置，还需要后方实验室的积极配合。闵行疾控的实验室每天除了完成自身繁重的检测任务外，还要配合疫情研判处置开展各项应急检测工作，其工作量位居上海 16 个区之首。新冠病毒作为一种新型病毒有太多的未知性，病毒的核酸检测是一项风险极高、对防护要求也极高的工作。为了确保检测质量，更为了保证每位检测人员的安全，他不辞辛劳，事无巨细地反复检查、核对、思考、咨询、实践，制定了实验室最优新冠检测方案和流程。每次看到实验室的伙伴们的护目镜由于长时间佩戴起雾而影响工作的时候，他就特别着急。于是他反复思考研究，并经过多次试验，发现用"凝胶型消毒洗手液"擦拭护目镜，即消毒又防起雾，在实验操作中非常实用，为大家解了燃眉之急。在他的带领下，科室保质保量地完成检验样本 6005 例 9770 份 19540 项次，为闵行全区新冠疑似病例检验确认提供了重要的实验室依据。他也在 2020 年 10 月获上海市"医德楷模抗疫特别奖"。

学科研究"带头人"

"我们无畏是因为我们有这么一位智慧的领军人；我们不惧是因为我们有这么一位睿智的主帅！"

王小光总是能在危难时刻深入思考，挺身而出。2013 年 3 月，闵行区突发人感染 H7N9 禽流感的重大疫情，王小光就是首发病例的亲自检验者，也正是由于他以高超专业素养和职业敏锐度，对该次新型流感病毒发出了提示，经过层层技术确认，确定此次禽流感病毒为上海市首例新型人感染禽流感病毒 H7N9，从而推进了整个 H7N9 的防护工作。正是由于王小光的专业与敬业，疾控战线的同志们才能将这株新型病毒及时控制，让上海安然度过这场风险。

在完成日常繁忙工作的同时，王小光还积极带领团队开展学科研究。尽管他平时不善言辞，但科室里的同志们都敬他为师、待他如友。他连续 10 年被聘为 CNAS 中国合格评定国家认可委员会认可评审员；近三年，被聘为上海市公共卫生监督技术服务质量控制中心专家。个人完成区委课题 1 项，发表专业核心期刊和 SCI 论文 2 篇，其中 SCI 论文 1 篇，影响因子 4.011。他积极引领团队参与申报各级科研课题，指导科内业务骨干申报立项科研课题 6 项，其中，市卫健委课题 1 项、区科委课题 5 项，还先后发表专业学术论文 8 篇。同时，他带领团队在各类比赛中取得优异的成绩：2017 年获上海市卫生应急技能竞赛传染病科目全市一等奖，上海市寄生虫病防治知识和检测技能竞赛团体一等奖，上海市寄生虫病防治检测技能竞赛个人理论一等奖、个人综合二等奖、个人检测技能三等奖，上海市疾控团委微生物检验岗位技能竞赛活动二等奖；2018 年获上海市寄生虫病防治知识和检测技能竞赛团体二等奖、个人理论二等奖、个人综合三等奖；2019 年获上海市寄生虫病防治知识和检测技能竞赛团体一等奖、个人综合一等奖、个人综合二等奖、个人理论二等奖、个人检测技能二等奖。

检验科的"大家长"

"他们进实验室至少要持续工作 5 个小时，做的都是最危险的工作，必须保证安全第一。"

　　在新冠防控战役还没有正式开启前，王小光就几乎是以单位为家了，他见到同事的时间远比见到家人的时间要多得多。尽管他是科室中最年长的前辈，但无论前一天工作到多晚，第二天一早他依然会准时出现在办公室，实在累得不行了，就靠在椅子上小憩一下。在他的带领下，中心微生物检验科荣获闵行区疫情防控一线先进集体，科内 2 名入党积极分子业务骨干在新冠疫情防控中表现突出，成为闵行区首批火线入党的预备党员，他本人也获评闵行区疫情防控一线先进个人和闵行区党员先锋岗。

　　在内防反弹、外防输入的大形势下，每一次的检测就是一次"出征"，当每班的检测人员准备进入负压实验室开始检测前，他都会亲自检查他们防护服用品的穿戴，好好帮他们整理一番，嘴上更少不了他带着乡音的不停叮嘱："里面的衣服要理整齐啊，要很长时间的，一会儿难受了也不能整理！""防护镜贴紧皮肤了吗？不要为了舒服就调松了啊！""拉拉链别急，反手够不到是吧？我来我来。"王小光此时的细致与耐心，俨然是一位老父亲慈爱的模样，让科里的这些检测员们一开始很不习惯，因为这和平时他们眼里不苟言笑的王主任差别太大了！虽然检测员们平时难免抱怨王小光那带着浓重乡音的普通话听不明白，但这时又都觉得特别亲切。每次检测人员结束检测，准备走出实验室时，无论当时是夜幕深沉还是晨曦初露，都会看到他那熟悉的身影在实验室门口等待着，这是这段时间来微检科的伙伴们感觉最温暖的时刻。科里的年轻人都说：我们无畏是因为我们有这么一位智慧的领军人；我们不惧是因为我们有这么一位睿智的主帅！在他身上我们看到了什么是医者的大爱，更明白了"大爱传承"意思。

王小光最喜欢的一句古诗词是："风来疏竹，风过而竹不留声；雁渡寒潭，雁去而潭不存影。"疾控人的工作很多时候都是这样一闪而过，不为后人记挂，但王小光在意的永远是人民的健康。身处抵御疾病的第一道防线，王小光不求留名历史，但求问心无愧！医

王雄彪

上海市普陀区中心医院　　主任医师、教授、呼吸与危重症科主任

援鄂医疗队中的"军医爷爷"

——记上海市普陀区中心医院王雄彪

2020 年农历大年初四，上海第三批援鄂医疗队进驻武汉三院光谷院区。医疗队中，58 岁的王雄彪特别显眼，他是当之无愧的"爷爷辈"。作为上海中医药大学教授、博士生导师、上海市普陀区中心医院呼吸与危重症学科主任，从医三十多年来，王雄彪始终秉承"为人民服务"的理念，在平凡的工作中兢兢业业、恪尽职守，做出不平凡的业绩，用实际行动诠释了一名党员、曾经的军人和现任医生的职业奉献精神及勇于担当的使命感。

心系祖国

"我是医生，病人需要我。"

现年 58 岁的王雄彪，1986 年毕业于第二军医大学军医系，毕业后留在二军大附属长海医院呼吸内科工作多年，是一名名副其实的"老牌军医"。攻取全职硕士博士学位后，曾赴瑞典著名的评审诺贝尔医学奖的卡罗琳斯卡医学院附院从事博士后研究工作，其间发表国际学术论文多篇，并获得瑞典卡罗琳斯卡医学院的医学博士学位。

2003 年的"非典"期间，王雄彪身在海外，为自己不能为祖国的疫情"使劲"而分外焦急。2006 年，他求学完成后，立刻马不停蹄地回到国内，继续他熟悉和热爱的临床工作。尽管有着优异的学历背景和长海医院的工作经验，但他还是选择了病人量大的普陀区中心医院，并且一干就是 14 年。为什么这样选择？王雄彪说："能够更多地为基层服务。"在他的带领下，普陀区中心医院呼吸内科已建设成为普陀区重点学科、上海中医药大学"085"一流学科建设单位，呼吸和危重学科顺利通过全国第一批呼吸疾病规范化诊治体系与能力建设项目的三级医院的评审，科室于 2018 年获"上海市工人先锋号"称号。

在呼吸内科，本着救死扶伤的职责，王雄彪尽一切可能地救治病人。曾有一位 49 岁的肺癌晚期病人从安徽来到上海的某家医院求医，被告知已无救治可能。就在他们濒临绝望之际，有人向他们介绍了王雄彪。王雄彪耐心地了解病情并仔细看了她所有的病史资料后，只说了一句："先住院，我们一定会尽力救治。"就这么平常的一句话，不仅安抚了病人的恐惧心理，还给了病人生的希望。经过两个疗程的治疗，病人的面色红润了，食欲增加了，症状缓解了，肿瘤也变小了。迄今两年多，病人不仅获得了新生，而且还重返工作岗位。这样的案例，在王雄彪的从医经历中还有很多。他用自己的行动践行着医者的仁心博爱。

主动请缨

"我已经做爷爷了。你们的孩子还小，需要照顾，父母年纪也大，多陪陪他们。我去最合适。"

2020 年的农历新年，王雄彪看到医院发出驰援武汉的通知，他第一时间主动取消探亲计划，又"利用职务之便"偷偷把同事的名字替换为自己的。他说："做这个决定并不是意气用事，我认真衡量了工作安排、家庭情况等各方面因素后，才慎重决定换下其他医生。我从医 30 多年，呼吸科临床经验更丰富，而且其他同志的孩子都还小，我去更合适。还有最重要的一点，我是一名有着 30 多年党龄的老党员，还曾经是一名军医，在这种关键时刻，我必须去。"就这样，他成为这批上海医疗队的"爷爷辈"队员。大年初四，跟随上海第三批援鄂医疗队出征武汉，进入武汉三院光谷院区开展全面抗击疫情工作。在医疗队里，王雄彪担任临时党总支委员、第二临时党支部书记、三院第 17 病区和 19 病区科主任。

抵达武汉后，王雄彪展现了军人高度的责任感与使命感，没有多做调整，立即投入紧张的工作。他每天上午 7 点前到医院进行换装等准备，8 点准时参加交班，随后一直在病房中进行指导，下午 5 点离开病房。但这远不是工作的结束。每天晚上，王雄彪会集合团队进行当天工作的汇报与总结，对下一步的工作开展讨论。每天高强度紧张工作，没有休息日。上海的同事开始为王雄彪的身体担心，要知道，这位 58 岁的老同志还患有高血压，面临体力与精力的双重考验。王雄彪说："国家危难关头，更需要我们坚定信念、坚强信心、顽强拼搏，不计较个人得失。"

在王雄彪的感召下，周围援鄂医疗队的同志纷纷递交入党申请书，要求面对疫情主动担当。王雄彪所带领的一名队员在武汉金银潭医院火线入党。而在上海，根据上海市卫健委的统一安排，普陀区中心医院呼吸科将派成员前往位于金山的上海公共卫生临床中心开展支援。榜样的力量是无穷的，呼吸科全体同事都积极报名。大家说："虽然不能上武汉前线，但在上海抗击疫情也是与王主任并肩作战。"

悉心救治

"减少一切不必要的活动和精力消耗，排除杂念、保存体力，集中精力对付新冠病毒，全力以赴投入援鄂工作，是我这次获胜的经验。"

在武汉三院光谷院区，王雄彪被任命为两个普通重症病区的主任，他管辖的"临时战队"队员来自儿科、妇产科等不同专业领域和不同地域。王雄彪将自己多年的工作经验融入这一新岗位。一方面，学习国家方案，结合实际，制订个性化治疗方案。他提出的"把治疗关口前移"的观点与更新的国家版治疗方案不谋而合，有效阻止了病情的发展，大大减轻了危重率和死亡率。另一方面，严格执行三级查房和交接班制度，实行床位负责制。王雄彪每天早上 6 点多乘班车到院，在岗梳理两个病区患者情况，及时跟进病情及治疗护理措施。每周进病房 1—2 次，紧急情况随时进仓。"减少一切不必要的活动和精力消耗，排除杂念、保存体力，集中精力对付新冠病毒，全力以赴投入援鄂工作，是我这次获胜的经验。"王雄彪在工作总结中这样写道。

因疫情形势的日益严峻，病区接待量很快从最初的 60 个病人攀升至 110 个重症和危重症病人。作为病区的总负责人，王雄彪为危重患者逐一制订诊疗方案，每天至少高负荷工作12小时。疲惫不堪的他即使回到驻地后大脑仍在高速运转，复盘每个病人的情况，考虑第二天的工作重点。他自诩每天就像"牛"一样，不断地自我鼓励，自我放松，来确保最佳的精神状态。在查房时，王雄彪发现大部分病人胃口都很差，没有食欲，还伴有腹泻，这种消化道症状对于疾病的好转非常不利，而且许多病人还存在营养不良的问题。他非常着急，认为这必须引起高度重视。于是，他想尽办法给病人树立信心与加油打气，反复叮嘱和告知病人："营养真的很重要，因为只有吃进去了，身体才有能量、才有抵抗力、才能更快地恢复。"

在近两个月的疫情抗击阻击战中，王雄彪所带领的医疗队累计收治患者数332人，累计收治（危）重型患者237人，累计治愈出院总人数278人，总治愈率83.73%，其中治愈（危）重型患者154人，（危）重症患者治愈率65%。2020年10月，王雄彪获上海市"医德楷模抗疫特别奖"。

"德心仁术，至精至诚，为病人服务是最大的善行。"这是王雄彪自参加工作以来一直恪守的信念。他用暖心关爱病人，用精益求精的医学技术服务患者。"大德无言行至简"，他和他的团队在为病人服务的道路上越走越踏实，为更多的病人带去福音。医

医德楷模抗疫特别奖

占归来

上海市徐汇区大华医院　主任医师、党委书记

第九批上海援鄂医疗队（上海援鄂心理医疗队）

临时党支部副书记、第十组组长

"精中小哥哥"：身边的治愈天使

——记上海市徐汇区大华医院占归来

占归来，中共党员，上海市徐汇区大华医院党委书记、副主任、主任医师，徐汇区拔尖人才。他是"上海市抗击新冠肺炎疫情先进个人""上海市优秀共产党员"、上海"医德楷模抗疫特别奖"获得者。

17 年前，占归来奋战在抗击"非典"的战线上；17 年后，新冠肺炎疫情暴发，他再次奔赴与疫情面对面较量的战场。作为一名基层党员和书记，他坚持做到不忘初心，牢记使命，积极响应号召，不惧风险，逆行武汉；作为一名医生，他坚持践行"健康所系，性命相托"的誓言，用责任担当，完成了武汉黄陂方舱医院及雷神山医院医护患的心理援助任务。

逆行先锋，做战疫排头兵

"人民至上，生命至上。"

面对一场突如其来的新冠肺炎疫情，有患者出现了自伤、行为紊乱等心理问题，也有医护人员出现了失眠、焦虑等心理问题。当上海援鄂心理医疗队的集结号吹响之时，时任上海市徐汇区精神卫生中心党总支书记、副主任占归来毫不犹豫地第一个报名，向医院领导班子请缨："我是一名精神科医生，又是党总支书记，这次支援武汉责无旁贷！"

"苟利国家生死以，岂因祸福避趋之"，占归来告别家中老母亲、妻子及即将中考的儿子，义无反顾地奔赴疫情防控前线。

2020 年 2 月 21 日，占归来、李君及倪花医生三人心理工作组随第九批上海援鄂医疗队逆行出征。刚到武汉，就接到救治任务：黄陂方舱医院有一名20岁女护士上夜班之后突然呕吐、晕倒，急需心内科、心理医生驰援。作为医疗队临时党支部副书记的占归来毅然站了出来，是本职，亦是表率，他成为第九批上海援鄂医疗队首个全副武装进"战壕"的队员。

进入方舱，他才了解到，这名护士已经援鄂1个多月了。她原本性格内向，第一次离开家乡和亲人，加之前一天得知爷爷在家摔倒后骨折，上夜班前哭了很久，心情一直很郁闷。占归来耐心倾听这名护士的内心感受，全面了解状况后，给予积极回应和认知纠正，鼓励她多与家人连线交流，并教会她一些简便识别自己情绪和心理困惑的方法。很快，姑娘情绪有了转机，随访中明显感到她正逐渐走出阴影，投入紧张的工作。

3月上旬，随着疫情的逐渐好转，黄陂方舱医院正式休舱。占归来等三人工作组立即主动请战，要求前往雷神山医院继续工作。雷神山医院主要收治重症患者，尤其在ICU病区患者中曾出现自杀、自伤、谵妄、行为紊乱等现象，经常需要多学科会诊讨论，大家随时有可能被呼叫急诊医治患者。

雷神山医院病房房间有12平方米左右，每个房间住两位患者。患者长时间见不到阳光，导致无法判断是白天还是黑夜。在这样的环境下，患者极易滋生一系列心理问题。部分患者长时间受到病情折磨，有明显的应激障碍。针对这些特殊的患者，占归来三人工作组加强对重症患者的巡诊、多学科会诊和及时回访，直到患者康复出院。

术业专攻，筑人才蓄水池

"自古医者父母心，为医者，当有其职业道德。"

占归来扎根临床一线，不仅医术精湛，更是医德高尚。他对待病人认真负责，一视同仁。诊室里、病区中最早出现的身影是他，时常下班后还在伏案工作的也是他。8小时的本职工作他兢兢业业，8小时外的时间往往还在上门家访和义诊，从不收病人一分出诊费，不吃病家一餐饭，深得病家好评和信任。

他注重人文关怀，通过服务品牌凝练、"六个一"细节服务举措落实、青少年禁毒宣传等举措夯实市级人文关怀心理服务示范点内涵。他关注吸毒成瘾弱势群体，开展对社区美沙酮维持治疗者系统性综合干预的研究，获上海医学科技奖三等奖，为区域综合治理贡献力量。

占归来常说："人才，是医院发展的原动力。"作为党总支书记和分管业务的副主任，青年人的思想建设、骨干队伍的着力培养一直是他关注的重点。

他坚持人才培养业务、党务并重的原则，针对中心陆续引进和培养不少大学生和研究生，制定一整套严格的管理培养制度，倡导"六勤""六基""六能"教育方法，取得明显成效。目前多位青年医生已在医教研各方面独当一面。

同时，他通过院内挂职、党务岗位锻炼等方式，吸引业务骨干参与党务工作，进一步增强政治站位，提升综合素质。

他关注青年人思想动态，创新青年成长平台，通过"精龙学社""精龙青年坛"等以青年骨干为主导的社团组织，培养锻炼和储备人才，近年来成效已经凸显。一些骨干成员已经成为中心中层干部队伍中的一员。同时，一批岗位上的"萌芽"苗子对象又进入社团成为骨干，盘活了中心的人才队伍储备。一个初具规模和成效的人才蓄水池逐渐形成。

科普助力，心理防疫深入人心

"总是去安慰，同样是良方。"

其实，自疫情伊始，占归来就没有好好停歇过。作为单位党总支书记，他自小年夜起就一直坚守岗位，还要确保收治的近 500 名精神疾病住院患者的医疗安全。

面对疫情，占归来主动超前思考、整合优质专科资源，带领团队第一时间投入疫情防疫心理战，推出"精中小哥哥"系列心理防疫科普，守护大众心理健康；拓展徐汇区心理援助热线 400-9213-120 服务，提供门诊转介及危机干预服务；加入上海"健康云"网络平台心理服务板块，提供线上心理咨询及辅导，往往深夜还在接听网友的心理咨询电话。

在驰援武汉的日子里，占归来白天为失眠、焦虑、抑郁、躯体不适的患者和医护人员提供心理咨询和诊疗，给予他们心理支持治疗，提供精准有效的心理干预和药物治疗。晚上回到宿舍，他还通过微信、电话接受医疗队中医护人员的心理咨询，守护战友们的心理健康。

在病区，他总是蹲在病床边与病人交流，几天下来，老毛病"腰突症"就犯了，但他压根顾不得这一切，总是想着在有限时间内，尽可能做得更多一点。

占归来还主动把轮休机会让给团队中的年轻医生，自己则每天都要入舱工作6小时以上。在武汉一线鏖战40天，累计心理咨询680人次，其中医护人员90人次；在线咨询82人次，其中医护人员37人次；为医护人员开展团体心理辅导2次。他用自己内心的光与热，燃点武汉当地每个需要治愈的生命。

二十多年行医，占归来诊治患者近15万人次。近年来，他专注于心境障碍、焦虑障碍诊治及婚姻家庭问题咨询，并从事大量精神卫生科普宣传工作。他承担及参与各类学术项目10余项，发表专业论文40余篇，主编2部、参编4部专著，主编《心理健康导报》，组建"精中小哥哥"科普团队，已形成区域精神健康科普品牌。

他率先在区级专科医院开展心境障碍的专病、专家门诊，组建心境障碍病区，设置10张床位，并于2017年获得区级高峰学科建设支持。他带领团队探索建立了一套符合"生物—心理—社会医学"的系统性综合干预模式，对心境障碍患者进行个体化评估，对难治性患者基于防治指南进行治疗方案的优选，推广增效治疗，提高治疗依从性，减少不良反应，加强社会功能康复，促进患者回归社会，拯救了大量的患者和家庭。

占归来始终坚守共产党员本色，他用仁心和仁术疗愈病患心灵，是病患精神世界的摆渡者；他甘为人梯带领骨干成长，是同事们眼中的领路人；他在抗疫战场上无所畏惧，是抗疫前线的排头兵。

哪有从天而降的英雄？占归来和同行的医生都是我们身边挺身而出的凡人。面对肆虐的疫情，正是这一群群平凡的人以生命赴使命、用大爱护众生，才汇聚出"挽狂澜于既倒，扶大厦之将倾"的磅礴力量。医

医德楷模抗疫特别奖

朱仁义

上海市疾病预防控制中心

主任医师、传染病防治所消毒与感染控制科主任、消毒与感染控制专家

一腔"仁义"付疾控

——记上海市疾病预防控制中心朱仁义

2020年6月，虽然疫情已趋于稳定，但随着各行各业的陆续复工复产，朱仁义仍然带领着团队在防疫一线日夜坚守。谈及他所做的这一切，略显疲惫的他只是淡淡地说："疫情猖狂，国家遇到这样的困难，我们身为抗击疫情的公共卫生排头兵，尽全力投身抗疫工作，不是理所当然的事情吗？"

年过半百的朱仁义是上海市疾病预防控制中心传染病防治所消毒与感染控制科主任，曾获"上海医疗卫生对口支援都江堰市灾后重建优秀基层党组织书记""上海市对口支援都江堰市灾后重建突出贡献个人""上海市卫生局系统抗震救灾优秀共产党员"、2017年"国家医院消毒与感染控制检测项目先进个人"和2020年上海市"医德楷模抗疫特别奖"等荣誉称号。

战斗从"幕后"开始

"身为公卫人，重大疫情来临，我们不上，谁来上？"

2020年1月，疫情初露端倪，朱仁义凭借着长期从业所形成的职业敏感度，敏锐地意识到这次疫情并不一般。他第一时间就开始着手准备上海市消毒与感染控制的培训文案、技术文件等制定工作。上海启动新冠疫情防控以来，他更是每日加班至凌晨，多次连续工作48小时无休，用实际行动诠释了家国情怀，将三十余年履职经历积累的丰富经验，倾力转化成守护城市安全的坚实力量。

将专业技术转化为实战方案，是朱仁义对抗新冠肺炎的有力武器。他倾力投入，带领科室执笔撰写《上海市新型冠状病毒感染的肺炎感染控制与个人防护技术指南》《上海市新型冠状病毒感染的肺炎现场消毒技术指南》等73个政策性文件，涵盖新冠肺炎防控方案中感染控制、现场消毒、隔离医学观察、重点场所消毒等内容，为上海疫情防控工作提供了强有力的技术支撑。他不遗余力，为综合协调组、疾控组、物资保障与市场供应组、交通口岸组等上海市疫情防控的关键工作组提供消毒、隔离、个人防护等方面的专项技术方案和文件制定依据。他不辞辛苦，参加市委、市政府、市建委、市地区组、市药品监督管理局的专题会议，为各类行政部门、疾控机构、医疗机构、社会机构，以及大型公共场所、机场铁路等口岸、公共交通工具和重点人员的健康筛查、消毒与个人防护提供技术指导。

新冠疫情最严峻的日子里，朱仁义夜以继日，家人虽然非常理解和支持疾病预防控制工作，但是看到他一个多月也没休息过一天，深夜回家常常是坐在沙发上就能睡着，还是无比心疼。他对家人说："这时候就像是打仗，是保卫市民健康最关键的时刻，也是党和政府最需要我们的时候，这是我的职责所在。"

脚印要留在前线

"危险从来就不该是疾控人的顾虑，只有走现场、实观察，才能掌握第一手资料。"

朱仁义亲历过2003年"非典"、2005年H5N1禽流感、2009年新甲流、2013年H7N9禽流感等疫情，也直面过汶川地震灾后援建、世博会和进博会等重大活动保障的巨大挑战。作为一名疾控老将，久经沙场、注重实战的他面对新冠疫情，保持了一贯的务实风格。上海第一例、第二例新冠肺炎确诊病例刚出现时，他就亲自来到收治医院，细致地指导病人隔离、医务人员个人防护和场所消毒等工作，在上海疫情早期成功留下"未发生收治病人医院的医务人员感染"的战绩。

医院的发热门诊和留观病房朱仁义跑了个遍，有的还跑了两三遍。发现有的医院隔离病房和肝炎患者病房并没有完全分开，朱仁义会马上要求他们封掉重新调整；发现有的病房没有负压，朱仁义会指导医院随手关门，减少进出，安装循环风空气消毒机。截至2020年5月底，他带领团队对89家医疗机构形成"医疗机构消毒与感染风险现场评估"工作报告 565 份。

朱仁义说："危险从来就不该是疾控人的顾虑，只有走现场、实观察，才能掌握第一手资料。"他腾出时间深入机场、火车站、道口等关口场所，逐一查看疫情防控的每个细节并提出优化建议：从旅客入关到体温测量，从隔离标准到流程措施，尽量减少关口场所潜在的感染风险。他带领团队先后对医疗机构环境、各区入境人员集中采样点、浦东 38 个集中隔离点、医疗队观察点等开展驻点或现场督导，并协助完成高考、公务员招录、住院医师规范化培训结业综合考核、人大会议等多次重要活动保障工作。

上海市发布"一级响应"后，有一天凌晨，朱仁义的团队接到任务：地铁 2 号线有一段在施工，工人当中有 40 多个是武汉来的。这批人已经开工了，怎么办？"马上要出方案，天亮之前就要！"朱仁义部署：由科室骨干江宁医师牵头，同时派季晓帆医师前往现场，与施工现场负责人会合。没有明确地址的现场非常难找，等团队赶到地点，已经是凌晨 2 点多了。现场排摸发现，工人来上海的时间在 1 月 10 日—14 日之间，有的已经过了两周，有的即将满两周，他们作业都在地下，又戴口罩，不与外界接触，在武汉也是封闭作业，所以风险不算大。团队要离开时，突然又听负责人说，曾有三个工人生病去过医院。疲惫不堪的工作人员顿时睡意全无，忙把三人找齐，详细询问并查看就诊记录，排除了新冠肺炎的可能性。前方收工，后方也已写出应急方案，给出了专业的建议。

阵地要尽量前移

"重视，但不恐慌；恰当，但不过度。"

将健康宣教内化为群众的力量，是朱仁义作为公共卫生工作者所熟练运用的作战技巧。"战胜疫情，是一场社会化系统作战！"朱仁义两次参加上海市人民政府疫情防控新闻发布会，专题介绍消毒隔离相关工作。"消毒是切断传染病传播途径的重要举措，科普宣传很重要！"他宣教为民，制作宣传计划，组编微信稿件，广泛开展健康宣教。为了鼓舞士气，年过半百的朱仁义亲自上场，录制"N95 口罩与

KN95 口罩有何区别"视频，网络播放量近 1300 万次；他还录制"学做防疫小卫士"电视公开课，介绍居家隔离、口罩分类与使用、家庭消毒、私家车消毒、消毒剂选择与使用等内容，在上海教育电视台播放。朱仁义接受媒体采访近 20 次，组织团队通过中心微信公众号等途径解答市民近百类问题，发布微信稿 20 余篇，阅读量近百万，还被中央及地方媒体广泛转载，传播效应指数级放大。

上海市民有段时间出现了消毒过度的情况，部分小区门口设立了喷淋消毒的通道，朱仁义很快站出来制止了这样的做法。他提倡："重视，但不恐慌；恰当，但不过度。"他用自身的力量让人民大众了解了正确科学的消毒知识，及时遏制了社会焦虑和恐慌带来的错误防护举措，节约了社会资源，提高了防护效率。

开展广泛培训和针对性课题研究，这是他将消毒感控的关口进一步前移的重要举措。疫情初期，朱仁义先后对各区疾控疫情防控人员、援鄂医务人员开展培训。复工复产复学期间，他又通过线上直播的形式，培训本市企业、公共场所、养老机构等相关人员 3 万余人，培训全市 1800 多家托幼机构 12000 余人。他参与上海市科学技术委员会科研项目"新型冠状病毒性肺炎院内感染风险和防控研究"课题，组织团队申报新冠肺炎防控相关课题 3 项，开展"长三角新冠肺炎联防联控协同攻关"课题，出版《新发呼吸道传染病消毒与感染控制》一书。

谈到上海疾控的工作情况时，朱仁义的声音里透着藏不住的骄傲和自豪："上海一直都是全国动作最迅速的，我们工作也很到位。即便是医务人员这样的高风险人群，我们也做到了在疫情期间全上海医务人员零感染。"朱仁义用对生命的敬佑、对社会的责任、对公卫的热爱和对科研的执迷，贴切诠释了一名医者所应具备的责任担当和大爱情怀。医

吴瑞珅

上海市静安区闸北中心医院　主管护师、SICU 护士长

首批上海援鄂增援队员、静安区首批援鄂医疗队队员

武汉金银潭医院北四病区护士

樱花绚烂，比不过患者出院时的惊喜

——记上海市静安区闸北中心医院吴瑞珅

吴瑞珅，女，主管护师，中共预备党员，静安区闸北中心医院 SICU 护士长，从事临床护理工作逾 20 年。

2020 年 1 月 27 日（正月初三），吴瑞珅作为上海市援鄂医疗队、静安区第一批援鄂医疗队员，舍小家顾大家，紧急驰援战疫一线，在武汉市金银潭医院持续奋战 64 天。她夜以继日地与时间赛跑、与疫情抗争，拯救了数百位病危患者的宝贵生命，全程参与北四病区的接管、清零、消杀、移交，一同为达成"医护零感染、提高患者治愈率、控制疫情进一步蔓延发展"贡献了力量，并因其出色表现经临时党支部推荐火线入党。

吴瑞珅曾获上海市"医德楷模抗疫特别奖"，先后获湖北省新时代"最美逆行者"、上海市护理学会"杰出护理工作者"、2020 年第一批"静安区新冠肺炎疫情防控护理先进个人"等荣誉称号。

出发：紧急援鄂

"1976 年唐山大地震，父亲第一时间报名，前往唐山参加抗震救灾。疫情当前，新冠肺炎患者需要我，我必须去。这是我和父亲共同的信仰。"

"新冠"肺炎重症患者病情变化快，常合并有多器官衰竭或有多种并发症，治疗上比较复杂，对护士的专业要求高。作为一名具有多年临床一线工作经验的重症 ICU 护士，吴瑞珅的心与江城百姓紧密同频共振，时刻关注疫情动态，第一时间主动报名援鄂。接到紧急援鄂通知后，尽管家中上有老下有小，儿子正值中考关键期，但吴瑞珅义无反顾踏上征程，她说："疫情当前，武汉的新冠患者们更需要我。"

2020 年 1 月 27 日晚上 7 点，吴瑞珅和随行的 50 名医护人员，搭乘火车前往武汉。大家都是从全市各大医院抽调上来的"精英"，每个人都有丰富的临床护理经验。

吴瑞珅所在的医护团队，是清一色护士，她们来自呼吸科、内科、急诊科等，年纪从 20 多岁到 40 多岁不等。抵达武汉的当天下午，她们在宾馆里进行防护服穿脱训练，反复练习，此外还有口罩、护目镜和手套的操作规范练习。

次日上午 8 点，吴瑞珅和同事走进金银潭医院，开始值守。进入病区前，需要"全副武装"，整套装备穿戴整齐需要耗时 30 分钟左右。吴瑞珅上岗时，病区有 40 位新冠肺炎确诊患者，其中 38 人是危重症患者。她记得第一次走进病房时，尽管身上穿着厚厚的防护服，但出于本能的反应，紧张感还是不由自主地占据了身体。"病区就是战区"，她不断告诉自己，做事要谨慎再谨慎、小心再小心。

坚守：火线入党

"那个时候，防护服，每人每班只能用一套。我记得，我最长的时候，是一个人连续工作 13 个小时。"

援鄂的日子里，吴瑞珅每天都要面对死亡和患者的痛苦。由于没有"新冠"肺炎的特效药，医护人员所能做的很有限。

战疫期间，吴瑞珅需要完成为患者提供采集标本、监测生命体征、营养支持、皮肤保护、补液给药等工作，随时观察他们有没有病情变化，采取积极有效的前瞻性预防措施来预防并发症的发生，还要做好患者的心理疏导。

平时，这些事对吴瑞珅来说并不难，但因为身穿防护服、头戴护目镜，让工作难度增加了不少。护目镜戴的时间长了，里侧很快就产生了水雾。工作中，她没法脱掉护目镜，只能透过没有水雾遮挡的侧边看。和同事交流、对患者进行打针输液作业，也都采用的是这种姿势。

　　最让吴瑞坤感到不适的是，由于手上戴着两层外科手套，直接导致手部的触感降低。打留置针时，她往往因摸不准患者的血管部位，费时费力。打完一次留置针，整个人的感觉像是已经工作了几小时般累。

　　每天她穿着厚厚的防护服开展高强度工作，为了减少防护物资损耗，她每班使用一套防护，其间不进食、不饮水，也不上厕所，里面的衣服几乎都被汗水浸透了。战友们互相勉励、相互协作，共同经历了一场又一场困难重重却愈战愈勇的疫情防控阻击战。每每看到重症患者有所好转，大家都真切感受到：付出的一切都是值得的。

　　因在战疫一线表现突出，吴瑞坤被援鄂医疗队临时党支部推荐火线发展入党。2020 年 3 月 19 日，入党宣誓仪式上，她面向党旗庄严宣誓。她说，能够加入中国共产党让她备受鼓舞，今后将不忘初心，以更加饱满的状态投入到工作中去，为健康中国贡献力量。

回家：病区关门大吉

"在拯救生命面前，（我）不能缺席。"

　　60 个日日夜夜里，吴瑞坤在武汉市金银潭医院南三病区工作 24 天，北四病区工作 36 天。最忙碌的一天，她完成了 3 个班 13 个小时的临床工作。这两个月，她服务了约 2500 人次患者，其中有上百位高龄老人，和队员们共同拯救了数百位病危患者的宝贵生命。

　　2020 年 3 月 27 日，在吴瑞坤心目中是个特殊的日子。这一天是大家驰援武汉"双满月"，也是武汉市金银潭医院北四病区所有患者出院的日子，更是病区"关门大吉"的好日子。交完班接到出院部通知，将最后几位患者护送到医院门口，依依惜别。

　　离别前，她和其余 7 名预备党员主动报名参加了一场最后也是最为重要的"仪式"——病区终末消毒。伙伴们用消毒湿纸巾擦拭物体表面，用 84 消毒液擦拭地板，用过氧化氢消毒机消毒整个房间……里里外外都擦干净，最后关闭所有电源，把窗明几净、安全整洁的北四病区重新交付给院方，完美收官。当看到北四大门关上的那一刻，卸下忙碌的铠甲，伙伴们内心的柔软一涌而出。

金银潭医院的工作证、丈夫和儿子的亲笔家书、酒店员工赠送的纪念贺卡、纪念飞机票……在吴瑞珅收获的纪念品里，每一样东西都弥足珍贵。在武汉期间，吴瑞珅还用日记记录下自己的所见所闻，前前后后一共写了60篇。这些文字记录了她在武汉时期的特殊经历，也为她的孩子留下了一份宝贵的财富。

回到上海后，吴瑞珅提出要尽快回归临床一线。根据"内防反弹，外防输入"要求，她与同事一起守护申城，传承援鄂精神，践行高尚医德，继续投身到常态化疫情防控工作中。

吴瑞珅以提升医护质量为基础，深化优质护理内涵为抓手，坚持每天在早交班前深入病房问候每一位患者："今天感觉怎么样啊？"一句句简单的问候，使患者体会到了医患之间的平等和亲切，护患之间也架起了一座座心灵的桥梁，这个贴心的小问候在科室间得到推广。

她在病区内打造"一科一品"优质护理模式，为广大患者提供高质量、全方位的护理服务。同时，她注重汇集临床上遇到的护理问题、治疗诊断前后患者需掌握的各项知识，编写成通俗易懂的健康科普小品文，张贴在科室的健康宣教栏、发表在个性化的微信公众号中，为护士、患者及家属提供通俗易懂、易操作的护理指导，收获医患及家属的一致好评。

面对新冠疫情的来势汹汹，来自各方的医护战友冒着被感染的风险，毅然前往疫区中心地带。她们是最美的"逆行者"，也是最坚强的"守护者"。

吴瑞珅作为抗疫先锋的一员，用她的慧心、专心、爱心，践行着"关爱生命、救死扶伤"的南丁格尔精神。她在平凡中默默地奉献，实现着自己的人生目标和价值，努力在平凡的岗位上谱写不平凡的人生。医

张文宏

复旦大学附属华山医院　主任医师、教授、感染科党支部书记、主任
上海市新冠肺炎医疗救治专家组组长

让世界聆听中国声音

——记复旦大学附属华山医院张文宏

张文宏，医学博士，曾获中国医学科技奖、教育部新世纪优秀人才奖、全国创新争先奖、上海市科学技术奖、上海市"医德楷模抗疫特别奖"、上海市先进工作者称号等。

在阻击新冠病毒肺炎疫情的工作中，张文宏担任上海市医疗救治专家组组长，迎难而上，靠前指挥，第一时间带领专家组入驻上海市公共卫生中心，投入新冠患者的救治工作。他以真挚亲切的话语、过硬的专业能力和身为共产党员的崇高信仰，成为中国抗疫全民战争中的一抹亮色。

"病毒猎手"：华山感染科代代传承

"感染科的岗位是很艰苦、很危险，但必须要有人去做。因为这不仅关系到一个病人、一个医院，还关系到一个城市，甚至一个国家。"

张文宏，1993 年从上海医科大学毕业，是上医招收的最后一届六年制本科生。本科六年，硕士三年，再加上博士四年，十三年的苦读奠定了他扎实的医学基础。之后，他又先后赴哈佛大学医学院、香港大学玛丽医院等地进修。

华山医院传染病红色小楼，是张文宏和同事日常战斗的地方。年门诊量超过 14 万人次、年接收转诊患者逾 2000 人次，华山感染科接收的病人之多、面临的病情之复杂，在业内有目共睹。凭借一代代感染科人的不懈努力和倾情奉献，华山感染科连续多年蝉联"中国医院最佳专科声誉（感染与传染专科）排行榜"榜首。

"没有日常积累，就不会有出色表现和沉着应对的底气。"张文宏表示："团队有一脉相承的文化，从著名感染病领域泰斗戴自英教授起步，直至翁心华教授带领下，多年来注重亚学科发展。没有亚学科的建设，就没有出色的学科建设。"

被誉为"感染学界福尔摩斯"的翁心华教授是张文宏的导师，17 年前曾担任上海市防治非典型肺炎专家咨询组组长。那一年，张文宏协助导师主编了中国第一部 SARS 专著《严重急性呼吸综合征：一种新出现的传染病》。薪火相传，如今，他已接过老师的接力棒独当一面。

新冠疫情就是命令！2020 年 1 月 21 日上午 10 点，华山医院紧急召集成立首批赴上海市公共卫生临床中心支援专家组，由张文宏带队，感染科副主任医师毛日成随行。在隔离病房内，毛日成每天工作 16 个小时，早晚查房、三次报表，总感觉刚躺下就又要起来了。密切观察、治疗患者，他一刻不敢放松。"作为党员，这是我的责任！"

大年夜，感染科副主任医师徐斌主动请缨，终止休假，参加上海第一批医疗队来到武汉金银潭医院。

1 月 28 日，感染科护师徐惠加入上海第二批医疗队前往武汉市第三医院救治危重症患者。

2 月 4 日下午，国家紧急医学救援队奔赴武汉，感染科副主任张继明教授担任队长，主治医师孙峰、护师曹晶磊随队出征。

2 月 9 日，华山医院再有 214 名队员出征，感染科的陈澍教授在主任群里抢先报了名。

……

难忘在华山感染科的一次组织生活会上，党支部书记张文宏带领戴着口罩的全体党员共同宣誓："迎难而上，共同战斗！"

这些年来，上海每一项重大国际活动，张文宏率领的华山感染科都严阵以待，严防死守疑难及新发传染病的侵入，为城市公共卫生安全提供了技术保障。

硬核医生：守护生命从不缺席

"世界是不确定的，但预防的措施是非常确定的，希望大家健康。"

作为一名传染病医生，张文宏的日常工作就是和各种各样颇具传染性的病毒、细菌打交道。每逢大疫，他必在场。

2003年，迎战SARS，上海市创造了无医护人员感染、无社区传播、无群体爆发的"上海奇迹"。上海市的第一例SARS病人，就是在华山医院被发现的。张文宏主动推迟去美国哈佛大学研修。疫情最严重的时候，他一直在隔离病房工作。

2013年，H7N9型禽流感病毒突袭。张文宏第一时间投入抢救工作中，主动接触10余例病例。同年4月，他率先在国际上客观报道了中国案例，并牵头上海市综合性医院上海市禽流感H7N9防治联合攻关项目，为有效防控疫情做出重要贡献，被评为"国家防控H7N9先进个人"。

2014年，埃博拉病毒肆虐非洲。张文宏第一时间组织科室成员报名参加援助西非的紧急救援队，参与非洲的疫情控制工作。

2020年，新冠疫情来势汹汹，我们依然看到张文宏坚守抗疫第一线：他牵头制定《上海临床救治攻关综合治疗专家共识》，对超大型城市的救治的特点与救治研究成果作了总结，提出建议；在国际上率先介绍中国超大型城市防控输入性新冠病毒的经验，向世界提供中国的成功防控策略；建立新冠病毒流行下中国综合性医院快速诊断与鉴定系统，有效提高新冠病毒感染以及合并感染的检出率，为新冠疫情时期发热门诊精准快速诊断提供新策略。

科普达人：打好"科普组合拳"

"这个时候，谣言比病毒本身更可怕。我们要每天用理性的数据和专业知识给大家解读疫情，普及相关的知识。"

一个人掌握了顶尖的传染病知识是不够的，张文宏努力用通俗易懂、幽默风趣的方式向公众普及传染病知识，让更多人掌握抵抗病魔的武器。

穿着防护服不断进出隔离病房，参加各种疫情防控会议……即便每天的日程超级紧凑，张文宏依然坚持为"华山感染"微信公众号撰文。"一旦关注，长期感染，无法治愈，欢迎关注华山感染"，这个公众号的内容兼顾专业性、科普性——

从 2020 年 1 月 17 日凌晨 0 点 22 分刊登第一篇有关新冠肺炎的文章后，武汉"封城"、无症状病毒感染者……公众号推送的文章踩点精准，篇篇爆款，几乎每篇都是超过 10 万的点击量。传播最广的一篇文章阅读量近 2000 万，在微博上转载次数十几亿。

张文宏说："通过这样的方式把我们的防控策略以十几亿的速度去传播，我个人觉得比我在病房里看病人取得的效果更好，我自己觉得我做了医生该做的事情。"

2020 年 2 月，由上海科学技术出版社策划的《张文宏教授支招防控新型冠状病毒》数字版线上发布，全语种零版税授权海外出版社。至今已发行 120 多万册，授权 18 个语种发布，海内外反响热烈。他说："能为全球抗疫做出贡献，我们觉得欣慰无比。"

2020 年 8 月，《张文宏说传染：补上这堂健康常识课》由中信出版集团出版，这是一本硬核趣味科普读物，带领普通读者在人类搏击传染病的故事中，感知世界的过去与未来。该书所有版税收入，将悉数捐赠给抗疫一线医护人员、社区工作人员和志愿者，以向他们致敬。

带领团队著书科普之余，张文宏不断和钟南山院士团队、李兰娟院士团队、王辰院士团队及新加坡、意大利、法国、美国等国际专家进行充分的学术沟通，在国际抗疫方面发挥了促进作用。"所谓的科普就是沟通，一个是在老百姓层面的沟通，一个是在科学层面的沟通，相信这些跟我们的治疗是一脉相承的。"

百忙之中，他开通了多个自媒体号，对最新的疫情作出自己的分析和判断，持续为网民提供防护指导。

此外，张文宏参加了上百场媒体发布会、见面会和国际学术研讨会，在各类医学科普讲座中，他将自己的幽默发挥到极致，分分钟把枯燥的讲座变成妙趣横生的脱口秀。

他多次化身"全球科普大使"，受使领馆邀请，先后与德国、美国、英国（包括南非）和法国的华人华侨及留学生连线，普及抗疫知识，创直播专场全网点击量超 800 万人次的纪录。

他还在《开学第一课》云课堂上为全国中小学生送上既科学又实用的十条"少

年儿童卫生健康宝典"，从日常生活点滴中向孩子们强调公共卫生意识的重要性。

行医近 30 年，张文宏以一名感染科医生特有的"感染力"，让备受折磨的感染病患者感受医患深情，让危及城市安全的传染病疫情得以及时遏制。

从令人谈之色变的 SARS，到 H7N9 型禽流感、埃博拉病毒暴发……每一场感染性疾病的重大战役，他总是率领团队鏖战在"紧急应对"的最前沿，用自己的满腔热血和精湛的专业技术，尽力守护着一座城市、一个国家的公共安全。医

医德楷模抗疫特别奖

张益辉

上海市第四人民医院　　主任医师、呼吸科主任

第三批上海援鄂医疗队队员、武汉三院光谷院区十七病区负责人

17 病区的"验霸"

——记上海市第四人民医院张益辉

2020 年 1 月 23 日，春节前一天，上海第四人民医院接到援鄂任务。52 岁的张益辉主动请战："我是党员，我有经验，请组织批准我去。"1 月 28 日，由 5 名医生、1 名感控管理、9 名护士组成的医疗队赶赴武汉，张益辉担任援鄂医疗队临时党支部书记、队长。回顾当时的决定，张益辉说："作为呼吸内科主任，我明白，这是我们的主战场。开会时，我第一时间就报名了，当时也没有跟家里人商量。因为非典、禽流感、甲流时期，我也一直在一线，这算不上太新鲜的事。我也了解家里人，他们都是共产党员，对于我做出的选择，从来不会反对，我们有着自己的默契。因此，报名几乎是出于本能，并不会有什么压力。"

张益辉是上海市第四人民医院呼吸内科主任医师，行政主任、院党委委员、第一党支部书记、院工会副主席、经费审查委员会主任。曾先后获得上海市五一劳动奖章、上海市卫生系统先进工作者、虹口区卫生系统精神文明建设先进个人、虹口区新长征突击手等荣誉。2020 年 10 月获评上海市"医德楷模抗疫特别奖"。

把危险留给自己

"把危险留给自己，多少人出去多少人回来！"

2 月 1 日开始，张益辉带领的援鄂医疗小队就在武汉三院 17 楼病区开始紧张地工作。让所有人惊讶的是，17 病区的"老大"上任的第一个举措，竟是把自己安排在了病区最危险的岗位——为所有新冠患者进行核酸检测的咽拭子操作。在进行取咽拭子时，患者由于敏感刺激，会咳嗽恶心，唾液喷溅出来，容易带来污染，这是一线中比较危险的一个环节。对此,同样来自四院的消化科护士长洪艳"气愤"地实名"举报"了他:"我在武汉三院,17楼病区主任张益辉要求所有核酸检测咽拭子操作一人完成,把最危险的工作留给自己……"

张益辉淡淡地说:"我是专业的呼吸科医生,更懂得防护措施,也许这样危险性最低。以前开会,我也曾来过几次武汉,但停留的时间都非常短暂。如今我只有一个想法:来了,就要全心治病救人。"就这样,张益辉把所谓"危险性最低"的任务留给了自己,被伙伴们称为病区的"验霸"。其实,17病区所有医生和护士都知道,张益辉这么做,是为了保护他们,将危险扛在自己身上。

病区里每天需要采集的患者数在10人次左右,最多的一天达到17人次。同事们见张益辉太辛苦,提出分担些采集任务,但他总是坚定地回答:"没关系,我来!"

把重任担在肩上

"张主任是我们的榜样,有他在,我们就有了主心骨。"

"面对新冠肺炎疫情,武汉同仁已经奋战很长时间了。上海医疗队是'生力军',我们都觉得自己能多做一点就多做一点。我们想为彼此留下并肩作战的美好回忆。"张益辉这样说。

在武汉市第三医院的17病区,你很难在医生办公室找到张益辉,他的身影更多出现在病房或者病区走廊上,不是在查房,就是奔走在各个病房为患者测量血氧饱和度。17病区没有血氧饱和度夹子,张益辉自己想办法解决。咽拭子采集的正确率不高,张益辉自己一个人完成。一旦进入工作状态,张益辉就会忘记自己。很多次,查完房,处理好患者,采集完所有的标本,张益辉已经气喘吁吁。脱下防护服的那一刻,他自己的衣服已经能拧出水了。张益辉从来不会对团队的成员说他做了什么,可是大家都看在眼里,记在心中。医疗组的护士张玉萍老师给他准备了剥好的橘子、洗好的水果。他一直说谢谢,说其实护士才是最辛苦的,要注意加强营养。大家都说,张益辉就像医疗队的大家长。张玉萍这样评价张益辉:"此次援鄂是我首次接触张主任，没有架子，处处关怀、保护着大家。"武汉三院的医生评价："张主任是我们的榜样，有他在，我们就有了主心骨。"

张益辉带领的团队虽是由上海医生和武汉医生临时组成的"混合"团队，却在并肩抗疫中越来越默契。穿上防护服，戴上口罩，他们就是战友，共同面对新冠病毒的挑战。张益辉介绍，治疗团队虽然是临时组建，但很快度过了磨合期，如今的配合越发默契。武汉三院的护士对本院的诊疗系统比较熟悉，操作起来游刃有余，就主要承担了医嘱录入等工作；上海医疗队的护士更多做一些基础护理，例如跑铃、换补液等，大家做自己比较擅长的工作，效率也高。"大家每天合作还是很愉快的！"谈及张益辉所在的上海医疗队，武汉三院的黄波医生表达了自己的感谢："他们纪律严明，按时到岗，工作认真负责。现在，我们已经迅速融合成一个分工明确、秩序井然、勇往直前的抗疫'医共体'。""衷心感谢上海专家团队无私无畏驰援武汉市第三医院，以精湛的医疗技术和专业温暖的护理，救治生命垂危的新冠肺炎患者。"武汉三院护理部主任裴胜利如是说。

把希望带给病人

"作为医生，我们所做的一切努力就是希望患者能早日康复出院。"

在武汉三院 17 病区，"张益辉"三个字对病人来说就是"金字招牌"。患者提到他，往往会放心地说："张主任每次查房都会一一询问大家的情况，让我觉得好温暖。每天我都要问张主任在不在，这些药是不是他给我开的，只要是张主任开的我就很安心！"

事实上，作为呼吸科主任，在没有疫情的平日里，张益辉在业务上也是不断开拓创新的。他先后引进肺癌的靶向治疗、慢性阻塞性肺病（COPD）的评估及防治措施、哮喘的规范化治疗等临床治疗方案，与国际上最新的治疗策略接轨。开展了多项关于肺癌诊断和治疗技术，如适合治疗 COPD 伴发呼吸衰竭的抗菌素、无创呼吸机、营养支持，癌性心包积液、癌性胸水的治疗，应用植物抗癌制剂治疗肺癌，慢性阻塞性肺病的抗凝治疗等，成功救治 800 余例病人。在他的带领下，癌性胸腔积液的处理成为四院呼吸内科的优势项目，有效率达95％，达到上海市领先水平。

曾经有一位29岁的女性患者因发热咳嗽、肺部阴影以及双侧肺炎收入病房，但经青霉素、阿奇霉素静滴抗感染治疗，患者病情非但没有好转，还出现了气急、呼吸困难等症状，复查胸片双肺阴影较前明显加重。张益辉马上考虑到患者可能患有少见的肺间质疾病，凭借熟练的支气管镜检查技术，他很快为患者做了经纤维支气管镜肺活检，最终患者被确证为少见的弥漫性细支气管炎伴机化性肺炎（BOOP）。有了明确的诊断，对症下药，不久患者就康复出院。出院那天，病人的母亲拉着张益辉的手久久不放："太感谢您了，每次想到女儿还那么年轻，我们老两口是天天以泪洗面。多亏了您，想不到那么快就出院了。"

随着人口的老龄化，手术科室收治的病人年龄越来越大，合并症越来越多，常有心肺功能不全症状，经常需要呼吸科协助判断手术风险，这就使得呼吸科的会诊医生常要承担很大的风险。如果过于保守，势必使一部分病人丧失手术的机会；如果放宽指征，有可能给病人带来严重后果甚至死亡。张益辉每每总是凭借他过硬的技术，敢于承担风险的勇气，认真分析、综合评价、做出方案，一次次赢得了普外科、泌尿科、骨科等兄弟科室的信任。

在武汉的55个日夜里，张益辉带领的医疗队在武汉三院17病区累计收治患者144人，其中，重症34人、危重症12人、治愈出院91人，医务人员零感染，出色地完成了任务。他用朴实的行动书写着救死扶伤、悬壶济世的大爱情怀，用坚定毅力彰显着"人道、博爱、奉献"的红十字精神。医

陈　巍

上海交通大学医学院附属瑞金医院　呼吸与危重症医学科、副主任医师

第六批上海援鄂医疗队医疗组组长

武汉同济医院光谷院区重型、危重型新冠肺炎病区主任

危重患者的"守护神"

——记上海交通大学医学院附属瑞金医院陈巍

陈巍，优秀共产党员，上海交通大学医学院附属瑞金医院呼吸与危重症医学科副主任医师、中国医师协会内镜医师分会呼吸内镜青委委员、上海抗癌协会肿瘤呼吸内镜学专业委员。他工作严谨务实，处处发挥党员的先锋模范作用，获病患和医护的一致好评，曾获上海市"医德楷模抗疫特别奖"、西藏"日喀则市人民医院创三甲荣誉状""上海交通大学医学院优秀共产党员"等荣誉。

2020 年 1 月始，武汉出现不明原因肺炎。陈巍得知疫情后，第一时间取消了春节期间全家赴海外的旅行计划，放弃休息，坚守工作岗位，作为院内专家组成员，积极参与排查疑似"新冠"肺炎患者的工作。

2 月初，他主动报名参加上海第六批援鄂医疗队，并担任医疗组组长。医疗队整建制接管武汉同济医院光谷院区重症病房；抵达武汉不到 24 小时，他就带领队员接收 28 位重症与危重症新冠患者。他通宵达旦地工作，结合国家防控和诊疗指南以及当地医院情况，制定完善各项流程和制度，使得临床工作有序、高效开展。

忘我工作，成批收治重症患者

"我是呼吸专业的医生，也是党员，还有援藏的经验，我觉得我去武汉太合适了。"

2020 年 2 月 8 日晚 8 点，瑞金医院收到国家卫健委紧急通知，需组建 130 人的医疗队驰援武汉。从那时起，瑞金医院各个群里医务人员主动报名的信息提示声此起彼伏，136 人的医疗队当晚就集结完毕。

陈巍当时正在医院值班，第一时间主动报名，早上出夜班后，回家简单整理行装，便随队出发。由于专业对口，并有援外工作经历，陈巍担任了上海第六批援鄂医疗队的医疗组组长。

次日，按照国家卫生健康委统一部署，由瑞金医院副院长胡伟国带队的瑞金医院第四批援鄂医疗队 136 人出征武汉。医疗队由 30 名医生、100 名护士和 6 名行政管理人员组成，涵盖重症医学科、呼吸科、感染科、护理等学科，其中，有共产党员 66 名、共青团员 33 名。

在抵达武汉后不到 24 小时，医疗队便整建制接管华中科技大学同济医学院附属同济医院光谷院区的重症病房。刚到达病房，参加院区组织的集体防控培训时，医疗队便接到任务：数小时内需收治大批量重症新冠肺炎患者。

陈巍立即和领队、护理组长、保障组长、核心小组成员一起讨论安排、现场协调，短时间内确定了当晚接诊患者的医护人员名单和分工，并制定了相应流程及应急预案。在收治病人前抓紧时间，反复强化训练穿脱防护装备，以保证医护人员零感染。

2 月 10 日晚 10 点至 2 月 11 日凌晨 4 点期间，陈巍及其团队共收治 28 名重症新冠肺炎患者。经过快速现场评估和应急处理后，所有患者病情暂时趋于稳定、症状体征初步改善。

彻夜工作后，陈巍于早晨再次进入隔离病房污染区，带领队员对所有患者进行了全面、详细的问诊和病情评估，制定了个体化诊疗方案。之后的三天内，病区又成批收治重症"新冠"肺炎患者，陈巍和战友继续坚持、坚守，病区所有 52 个床位的患者的病情——稳定。

协作诊疗，个性化方案卓有成效

"接到的任务：可能是要在 6 个小时之内，就要收治重症患者。当时，不管是防护装备、管控的流程、治疗的措施，其实都是相当缺乏的。"

作为医疗组长，陈巍结合国家新冠肺炎最新诊疗指南和防控指南，以及当地医院情况，与核心组成员共同讨论制定了各项流程和制度，包括出入隔离区精细流程、交接班制度、疑难危重病例和死亡病例讨论制度、危重病人转运制度、消毒制度、突发事件应急预案等，并依据实际运行情况不断完善，使得临床工作有序、高效开展。

此次新冠肺炎重症及危重症患者多为高龄并有基础疾病，病区内 6 成以上的都是老年患者、一半以上合并多种慢性疾病，而本批医疗队中除了呼吸、感染和重症专业，还包括心血管、肾脏、神经、内分泌等多个学科。

陈巍发挥团队多学科优势，协作诊疗制定个体化方案，在救治新冠患者中卓有成效：病区累计收治 90 名新冠患者，其中，22 名危重症、68 名重症；年龄超过 60 岁的占 51.1%（46/90 人），超过 70 岁占 24.4%（22/90 人）；88.9%（80/90人）合并各种基础合并症，如白血病、肾功能衰竭、严重高血压、糖尿病 / 酮症酸中毒、晚期肺癌、冠心病、帕金森病、阿尔兹海默症等。医疗队重症新冠肺炎治愈率 90%，病死率 1.1%，获"全国卫生系统新冠肺炎疫情防控工作先进集体"称号。

作为光谷院区专家组成员，陈巍每日参加院区的疑难和死亡病例讨论，发挥专科知识和能力，协助其他省市医疗队共同提高治愈率、降低病亡率。

陈巍还积极参加学术交流，在中法新冠肺炎线上研讨会上，他结合抗疫一线的宝贵经验，将个人医疗防护的重要性及治疗要点分享给法国同行，详细讲述了各种情况的应对。

在日常诊疗中，他注重对新冠患者的人文关怀和心理疏导，将上海的温度带给武汉人民。

热心公益，援藏抒大爱

"查房的时候，看到病人的病情都稳定，看到电脑里面他所有的化验指标都趋于正常。这时候，我觉得，我是非常开心的。"

陈巍热心公益，多次参与国内外志愿者服务，曾作为上海青年代表赴西班牙

2008 萨拉戈萨世博会和上海 2010 世博会开展志愿者服务。2016 年，他积极响应号召，暂缓学业、克服家属有重大疾病等困难，主动报名援藏，参加上海第八批援藏队、第二批组团式援藏医疗队，赴西藏日喀则市工作一年。他为提高后藏地区人民的健康水平和平均寿命、为日喀则市人民医院成功创建三级甲等医院无私奉献。

西藏日喀则地区平均海拔 4000 米以上，地质与气候条件恶劣，陈巍到达当天就出现了较为严重的高原反应。当高反症状稍有减轻后，他立即参与组团式援藏医疗队的交接工作，短时间内熟悉受援单位的具体情况，在入藏一周后全面开始工作。

陈巍在系统调研后，结合日喀则市人民医院和科室现状，规范了医院常见呼吸系统疾病的诊疗规范和流程，完善各项医疗制度，切实提高医疗质量，并开设呼吸科专病门诊，逐步建立和完善日喀则市慢性呼吸病管理体系。日积月累，该院呼吸病治愈率和改善率、抢救成功率均有明显提高。

为了给日喀则留下一支带不走的医疗队，陈巍非常重视医学教学，坚持床边带教和科内业务讲座，将经典的医学理论、先进的诊疗技术传授给各级医师。他与青年医生结对，提供医学资料，手把手指导各项操作与新技术，并指导他们进行临床科研、撰写文章，同时积极联系上海所在医院，为他们提供进修学习机会。

他还积极参与疾病科普，在日喀则市广播电台和西藏卫视分别就戒烟、肺结核、慢阻肺等内容进行宣讲，还多次赴海拔近 5000 米的县医院义诊。

2016 年 9 月、2017 年 5 月，陈巍牵头筹办了两届"西藏—上海"呼吸病论坛，邀请数十位上海呼吸病学专家教授赴日喀则调研和讲学，增进了两地医学领域的沟通和交流。

针对当地医院科研能力缺乏的现状，陈巍以西藏地区常见病多发病为研究对象，成功申报西藏自治区自然基金、日喀则市科技局项目等科研基金，指导当地医生合作撰写发表医学文章，实现"零的突破"。

陈巍为医院呼吸专科建设建言献策、筹划引导。在日喀则市人民医院建立了独立的呼吸病区，组建了呼吸专科医师团队，制定了适合当地医院的呼吸病诊疗常规和单病种临床路径体系，筹备建立肺功能室和气管镜室，将当地医院呼吸科建设成为符合三甲医院标准、西藏地区领先的临床科室，协助日喀则市人民医院 2018 年成功创建成三级甲等医院。援藏一年回沪后，陈巍继续担任日喀则市人民医院双聘专家，继续为当地医院的医教研等多方面做出贡献，并于 2018 年和 2019 年两次进藏讲学和科研指导。

陈巍还在瑞金临床医学院担任医学理论课授课教师，结合此次疫情，他特别为医学生录制了一堂课"新型冠状病毒肺炎的诊断和治疗"，传授知识和诊疗经验，同时寄语医学生：努力学习、敢为人先，一步一印地履行医学生誓言。医

周　新

上海市第一人民医院　主任医师、教授、呼吸与危重症医学科带头人

首批上海援鄂医疗队医师组组长

整建制接管武汉金银潭医院两个重症监护病区

年近七旬的援鄂医师组"主心骨"

——记上海市第一人民医院周新

周新，博士生导师，上海交通大学医学院附属第一人民医院呼吸与危重症医学科带头人、中华医学会呼吸病学分会前主任副主委、上海市医师协会呼吸医师分会名誉会长，享受国务院特殊津贴。

2020年1月24日除夕夜，66岁的周新披挂上阵，担任首批上海援鄂医疗队医师组组长率队出征。他是医疗队最年长的成员，千里驰援武汉，进驻金银潭医院ICU病房，抗击新冠肺炎。

无畏先行者

"我们来了武汉以后，今天是星期几都搞不清楚了。我们现在天天上班，没有休息，人家把患者交给你了，你不去怎么行呢？"

大年初一清晨刚抵达武汉，周新来不及休整，便前往收治重症和危重症患者最多的金银潭医院实地踩点，了解即将面对的作战情况。

上海援鄂医疗队的医生分为6组，负责院区内2个病区的危急重症患者，每天早中晚至少有3名医生在隔离区病房。

全副武装，披甲上阵，每天进入隔离区病房忘我工作，是周新和战友来到武汉后的工作常态。他们每天上午8点交班，一个上午都要待在病房，等所有的交班完成以后，就穿好衣服，去查房。因为进入病房要花时间穿隔离服，怕危重患者突然发病赶不及，因此每组医生都尽可能延长待在病房巡查的时间。

穿防护衣服的要求非常高，袖子等不能碰到地上，否则袖子就污染了。只有类似 SARS、禽流感、甲流等传染病病区，才需要这种全身防护。日复一日地穿脱防护服，周新几乎是组内穿得最快的，自己穿完后还会帮助其他年轻的医生。

上海医疗队分管两个病区共 80 张床位，收治的均是病情极为严重的患者，救治难度极大。作为医师组组长，周新除了指导医生开医嘱、制定用药方案外，还要研究病例、及时调整治疗方案，对护士进行指导，完善医院防护细节。

在没有特效药的情况下，对于重症和危重症患者，周新注重增加患者的免疫功能，依据患者不同的症状采用气管插管、呼吸机等呼吸支持治疗措施。他充分发挥党员先锋模范作用，身先士卒，抢着做最危险的气管插管操作。

周新团队每天都会分析所有的临床资料来决定治疗方案。例如，重症患者用鼻导管氧疗不能纠正低氧血症时，改用高流量氧疗、无创或有创呼吸机治疗。重症患者接受治疗 1 周至 2 周后，若是身体各项指标好转，大多可以转为轻症甚至痊愈。就这样，边战边总结，周新团队不断累积治疗重症的经验，成功地将众多患者从生死线上抢救回来。

战疫"排头兵"

> "我们医疗队队员零感染，所有的医护人员都安全地回来了。"

在公共卫生疫情面前，他勇于担当、身先士卒，自觉争当疫情战斗中的"排头兵"，用实际行动践行医者使命与初心。

2003 年，周新作为上海"非典"治疗组的成员之一，到当时的上海传染病医院参加救治工作，还给一位并发气胸的非典患者做过胸腔闭式引流手术。他回忆说："当时我是戴着防毒面具去给患者做手术的，本以为这是我这辈子唯一一次戴着防毒面具做手术了。没想到，这次在武汉我又穿上了这样的防护服，去给患者做气管插管手术。"

这些年，在 SARS、甲型 H1N1 和新冠肺炎病毒肆虐之际，周新都义无反顾地投身抗疫第一线，以高尚的医德和精湛的医术，拯救了无数个危重患者的生命，为战胜疫情立下卓越功勋，受到同行的称道。

他在武汉金银潭医院救治患者的工作中，发挥了大家公认的"定海神针"的作用。67天的坚守，80张床位，极为严重的新冠患者，病房隔离区十数小时工作是常态。他是生命的守护者，参与完成全国第一、二例新冠肺炎患者病理解剖，发表研究成果，积极摸索危重症患者治疗突破点，从"全面防治"升级为"精准防治"，逐渐总结出武汉版"上海方案"。同时，他时刻心系上海的救治工作，利用休息时间联系公卫中心及科室救治团队，分享诊断及治疗经验，远程指导开展相关救治工作。

援鄂医务工作者们在防护服上书写上"武汉加油"字样，这既是对患者的鼓励，也是互相鼓舞士气。最动情的时刻，是每一个走出病区的患者用特殊的方式向上海医疗团队表达了感激之情：被治愈的患者不能踏入隔离区，他们就将感谢的话写在纸上，贴在窗户上，隔着玻璃，向救命恩人致以由衷的谢意。每当看到这样的字条，见惯了生死的周新都会被感动，然后忍住激动的泪水，全情投入对下一个患者的救治。

学科领路人

"医务人员要学会利用设备开展积极有效的救治工作，降低死亡率，在保证存活的基础上，还要提高患者康复后的生活质量。"

在临床工作中，周新勤于实践，做了一些开创性工作——

他率先在国内开创纤支镜引导下紧急经鼻气管插管、长期留置鼻气管导管在呼吸衰竭中的应用及支气管肺泡灌洗术在肺部危重症中的应用等技术，为无数饱受折磨的呼吸系统患者带来福音。

他在国内最早应用曲霉菌GM检测技术早期诊断侵袭性曲霉菌病，这项技术已在国内临床上广泛应用，并获得2008年上海市优秀发明三等奖，对免疫受损者合并曲霉菌感染的早期诊断起到积极作用。

他执笔起草我国首部侵袭性肺曲霉菌感染的诊断和治疗原则。他自行研制的无创通气面罩获得国家实用型和外观设计两项专利，并获得2007年上海市优秀发明三等奖。

周新牵头编写了我国哮喘诊治指南、上海市呼吸医师规范化教程，参与《咳嗽诊治指南》《慢性阻塞性肺疾病诊治指南》的制定。他在哮喘的基础和临床研究中取得了令人瞩目的业绩，获得国家科技进步二等奖（合作）、上海医学科技进步三等奖。

他潜心学术、教学相长，在国内外期刊发表学术论文 300 余篇，其中 SCI 论文 40 余篇，主编专著 8 部；培养硕士博士研究生 30 余名。

在注重个人能力提升的同时，周新更重视学科建设。他带领团队将科室打造成为国家临床重点专科、国家呼吸科医生专科培训基地、国家"呼吸与危重症医学科规范化建设项目"（PCCM）专修及肺功能单修基地、上海市住院医师规范化培训基地及国家临床药师培训基地，建立了呼吸科介入诊疗中心、南部院区呼吸科实验室，将市一医院呼吸科建设成为"呼吸疾病诊治中心、呼吸科高级人才培训中心""呼吸科学研究转化应用中心及国际呼吸科学研究交流中心"，扩大了科室在国内外的影响力。

周新带领科室制定了完善的呼吸科诊疗临床路径和诊疗规范。开展包括社区获得性肺炎、哮喘、慢性阻塞性肺病、肺部肿瘤、肺部介入、发热待查等 8 种呼吸科疾病的临床路径管理工作，探索建立其管理制度、工作模式、运行机制及质量评估和持续改进体系，为全面推广呼吸科临床路径管理积累经验并提供实践依据。

为适应单学科发展向跨学科发展的新形势，周新带领科室积极展开与相关学科的合作（呼吸科与胸外科、肿瘤科、核医学科、病理科等），进一步探索肺癌、慢性气道疾病等相关疾病的早期诊断和治疗新策略；危重监护亚专科与危重医学科合作，进一步探索解决肺部危重症的诊治新策略。同时，积极与国内相关医院合作，展开多中心临床研究，共同为国内呼吸科事业的发展贡献力量。通过组织科室申报国家级继续教育项目及召开国际学术会议，发挥示范和辐射作用，进一步提升市一医院呼吸科在学术界和社会的影响力。

此外，周新特别注重对护士的关怀。2010 年，他用政府奖励的万元奖金在市一医院设立了护理关爱基金，已资助了二十余名因病遇困的护士。

　　从医四十余年，周新始终恪守医道，兢兢业业地坚守在"呼吸"临床一线，殚精竭虑研发每一项发明，凭着博大的仁爱之心，担当起拯救病患生命的重任。

　　他曾获得上海"医德楷模抗疫特别奖"，先后获得"上海市先进工作者""全国医药卫生系统先进个人""全国医德标兵""上海抗非典模范工作者""上海市优秀共产党员""中国呼吸医师奖""白求恩式好医生""中国医师奖""全国先进工作者"等荣誉称号。

　　这一份份荣誉的背后，是周新"医者初心"的见证，更是对他"精湛医术"的褒扬。医

钟 鸣

复旦大学附属中山医院　主任医师、重症医学科副主任

上海市第一位驰援武汉的国家新冠肺炎医疗救治专家组组员

上海最早援鄂"逆行侠"

——记复旦大学附属中山医院钟鸣

钟鸣，医学博士，硕士生导师，复旦大学附属中山医院重症医学科副主任。曾获"上海市劳动模范（先进工作者）"称号，仁心医者·上海市杰出专科医师奖，全国抗击新冠肺炎疫情先进个人，全国卫生健康系统新冠疫情防控工作先进个人，2020年度上海"医德楷模抗疫特别奖"。

2020年1月23日小年夜，钟鸣接到国家卫健委指令：前往武汉参与抢救新型冠状病毒感染的肺炎危重病人。从接到任务到出发，只有一个小时。他立刻取消了澳大利亚家庭游，义无反顾动身前往武汉。临行前，女儿与他深情拥抱："爸爸，我们等你回家！"

战疫先锋：共产党员的担当

"能看到一个个病人康复，一个个家庭重新相聚，过上平凡而珍贵的生活，这就是我逆行的最大动力源泉。"

钟鸣从医以来，经历多次紧急出发。印象最深刻的有三次：SARS，汶川地震，新冠疫情驰援武汉。面对疾病和困难，钟鸣已经习惯了冲在第一线。他常说："这是应该的，因为我是共产党员。"

2020年小年夜，当天上午武汉已经封城，钟鸣搭高铁到麻城北，再由一辆小车接至武汉。他和另一位专家抵达住地时，已是深夜。

次日，钟鸣顾不上舟车劳顿，火速进驻武汉金银潭医院开展工作。这是武汉最早救治新冠肺炎患者的定点医院，是疫情中的"风暴眼"。

"叫我做什么都行，叫我去哪都可以。"在此之前，钟鸣一直相当自信，直到他走进南楼六层病房办公室，看到监视器上的数字——

"呆掉了。满屏都是报警。一半以上患者氧饱和度都在百分之六七十。什么概念，就是非常差，差到心脏随时会因缺氧停跳。平时在医院里，有一个这样的病人我们都会非常紧张，要全力以赴的。现在，一个病房就有这么多。你简直不知道该从哪一个病人开始下手。"

钟鸣所负责的南6病区，是由临时普通病房改造而成的临时重症监护室，条件相对艰苦一些。他带领湖北省各地前来武汉援助的医生、护士组成一个临时治疗小组，收治当时病区里一半的危重病人。第一天、第二天基本没法睡，因为大量危重患者集中在ICU里，需要不停地处置。

临时组建的病房和团队，初期面临不少困难。相比较正规的重症监护室，临时改造的病房非常局促。原来放一两张床的空间现在塞进四张床，旁边还放着监护仪、呼吸机、血透机和ECMO，医治操作都比平时困难。人手紧缺，团队里的医生并不全是ICU出身，刚开始甚至连一位ICU的专业护士都没有，工作极其受制。

团队成员平均每天工作时间在10—11个小时，需要随时根据病人的动态情况，调整药物治疗方案，为危重患者进行有创或无创的呼吸机治疗，为肾功能衰竭患者进行血液净化治疗，最严重时还要给病人上ECMO。

钟鸣作为负责人，做了大量磨合工作。首先就是建章立制。他制定多项规章制度，让工作流程尽量能够适应当前特定疫情下的需求，同时完善轮班规则、优化护士行走动线、对病人实行精细化管理。他手把手带教传授经验，使大家尽快上手，团队快速进步，很快适应了工作节奏。

ICU的工作对体力和精力的要求非常高，而金银潭医院的工作更是远远超出了平时的工作强度。有时候搬动病人，要把八九十公斤插满管子的人完全腾空翻过来再放下，医护人员穿着厚重的衣服，戴着面屏，连透气都很困难，还要做这剧烈的体力劳动，有时都觉得快要窒息了。

ICU的防护最严格。医护人员戴着面屏，水汽弥漫，很多时候视线一片模糊。平时上ECMO只戴一层手套，但现在要戴三层甚至四层，手像肿了一样还要精细操作，难度可想而知。

就这样，钟鸣及其团队一直处于超负荷运转状态，始终坚守在最前线，承受着不为人知的压力，无论是身体还是心理，每一天都在负重前行。

生死竞速：重症医学专家的使命

"我一直在坚持战斗，如果说有一个愿望超越了回家，那就是疫情早日结束。"

武汉市金银潭医院是钟鸣的新战场，作为重症医学科的医生，他面临过许多难关，虽身经百战，但很多的突如其来仍旧令他一开始有点措手不及。"这次是真的很难！"他从不掩饰自己遇到的困难，同时，他选择迎难而上，与死神赛跑。

在铺天盖地的疫情新闻中，一则"用 ECMO 技术成功救治一新型肺炎患者"的新闻吸引了很多人的目光，也让 ECMO 走进了大家的视线。ECMO，也就是体外膜肺氧合，是重症医学里最复杂的医疗技术，临床上用于挽救极危重的心肺衰竭病例。而钟鸣就是业界公认的"ECMO 大神"，也因此多次被点名承担上海市乃至全国的突发公共事件医疗救助和重大活动的医疗保障。

但是，在疫情一线接触了新冠肺炎危重患者后，钟鸣很快认识到：这一次和过去的 SARS 或禽流感都不太一样。钟鸣提出：病人的体内很可能启动了一种炎症风暴，一旦进入这种状态，会很快导致各个器官功能的衰竭。这和过去完全不一样，很多病人不是死于呼吸功能衰竭。虽然我们有 ECMO，有呼吸机，可以让病人的肺功能得到替代，但是面临肺外的多器官功能衰竭，即使上了 ECMO 也不能挽救他们的生命。

钟鸣是最早认识并提出新冠肺炎这个治疗难点的专家之一，很快，大量研究结果证实了他们的观察。专家组对新冠肺炎诊疗方案进行补充与更新，更完善、更系统的治疗策略也被逐步应用到临床。经过认真地观察与思考，不断地实践与总结，钟鸣所负责病区的死亡人数有了明显减少，治愈出院的病人越来越多，这更坚定了他战胜疫情的信心。

在他看来，未知的病毒和疾病并不可怕，医护人员对疾病的认识和经验的积累总会有一个过程，而重症医生就是与最危险的敌人战斗的先锋部队，是与死神赛跑的一群人。"我们最高兴的是，病人转去普通病房没有再转回来，这就意味着他最终能康复出院，我们赢了！"钟鸣说。

守卫健康：医务工作者的天职

"我们是医务工作者，我们的天职就是守卫病人的健康。"

"当我们在重症病房里看着那一双双渴望生存的眼睛，那就是一种最强的动力，我们要倾尽全力——去守卫他们的健康。"

在中山医院，钟鸣作为科室副主任、业务骨干，对临床工作和学术要求的严格是出了名的。他对待每一位患者都极其认真负责，尤其遇到疑难病例时，他会在患者床旁仔细查看，反复思考，并查阅文献，直至找到解决患者症结的方法。

钟鸣临床工作特别出色，更是一名深受学生喜爱的优秀带教老师。每次教学查房，他不仅能从临床症状、诊断治疗等方面分析病情，更能从病理基础、生理机制等方面剖析疾病。他那深入浅出、抽丝剥茧般的逻辑推理能力，幽默风趣、引经据典的表达水平，屡屡让带教学生、进修医生大为叹服。他还会和大家分享既往遇到的众多疑难杂症，毫不吝啬地将自己的经验传授给大家，甚至有慕名而来的医学生、进修医生指明想跟随钟鸣查房。曾经有同行感叹：钟鸣是其遇见过的将外科、内科、麻醉、重症、循证医学融会贯通得最好的 ICU 医生。

重症医学科面临的考验常常是如何面对失败。挫败、压力、未知，往往成为压在他们身上的沉重负担。面对重重的困难与挑战，他从来没有放弃过对生命的背负；面对疾病的冰冷和无情，他总是满怀希望，以实际的行动、朴实的话语传递医者的仁心与温情。

"这次援鄂 70 多天的经历，对我的整个人生和职业规划来说也是非常宝贵的财富。"钟鸣说，"我守护病人，武汉也守护着我。"

时隔一年，2021 年 1 月 27 日，钟鸣再度受命，出征驰援吉林长春，开展新冠疫情重症救治指导工作。他说，"正因为经历了武汉战疫，又有了回来后在上海积累的经验，我更有把握。甚至，我们的救治工作更有预见性，有方向性。"

　　"每一场战斗都令人难忘，每一群战友都让人不舍。"经历疫情，更让人珍惜"日常"二字。对钟鸣来说，他的日常就是"上班"，回归正轨的日常。

　　钟鸣以严谨求实的治学精神、细致温暖的人文气质、朴实无华的真情表述给予我们战胜疫情的精神鼓舞。如今，他又回到熟悉的岗位、熟悉的病房。"一切能重归简单的生活，实在太美好了"，他说。医

禹宝庆

上海市浦东新区人民医院　主任医师、教授、党委书记、骨科学科带头人
新冠肺炎疫情防控医院综合指挥工作组组长

守护上海"东大门"

——记上海市浦东新区人民医院禹宝庆

禹宝庆，中共党员，博士生导师，上海市浦东新区人民医院党委书记。作为骨科学科带头人，他曾获"上海市五一劳动奖章"、上海市"医德楷模抗疫特别奖"，并先后获得"上海领军人才""上海市医学重点专科学科带头人""浦东工匠"等荣誉称号，享受国家级政府津贴。

从医 30 余年，禹宝庆用自己的言行，履行着当初的誓言——当一个好医生，治病救人。他始终把患者放在第一位，坚持"人民至上"理念，廉洁行医，患者满意度极高。他收到的锦旗，展开可以挂满一屋子。

良医：挑战技术高峰

"其实很简单，因为我们是医生，我们是护士，我们是——医务工作者。"

禹宝庆从小的梦想是当一名医生，能治病救人。1983 年，他如愿考入第二军医大学，最终成为长海医院一名骨科医生。

2012 年，他响应国家号召，毅然来到医疗条件有限的浦东医院。

作为时任医院骨科主任、骨科学科带头人，禹宝庆将先进的骨创伤治疗理念和技术带到浦东医院，治愈了大量复杂骨创伤患者，让浦东南片地区的严重多发伤及复杂创伤患者实现"大病不过江"的便捷就医。

他以提高区域百姓福祉为目标，带领骨科创新改良多个手术入路，减轻患者手术中的损伤。他在国际上首次提出经腓骨头截骨入路治疗胫骨平台骨折，并首次提出了单切口双钢板治疗胫腓骨远端骨折，在国内率先提出骨盆骨折的微创入路。

禹宝庆注重创新发展，柔性运用 3D 打印技术为患者个性化定制治疗方案。他设计发明了十余项关节周围骨折内固定器械并投入临床使用，实现产学研一体化。他致力于技术推广，带领团队服务全过程医疗，用奉献和奋斗，一次次挑战技术高峰，刷新治疗方案。

他领衔开展无痛病房建设，为减轻患者术中痛苦、提高老百姓健康获得感而不遗余力。他用自己的实干、创新与真情抵达患者的内心。

禹宝庆曾在长海医院工作了 18 年，通过努力钻研，在医教研等各个方面成绩显著。他曾获评"上海市先进医疗工作者"，获多项国家及省部级科研项目资助，并多次获得国家及军队各级科技成果奖评；曾被评为第二军医大学 A 级教员，并多次受医院嘉奖，荣立个人三等功一次、集体三等功两次。

先锋：挺身坚守一线

"我们原来只有三张隔离床，到最后，我们建了一个拥有 100 张隔离床位的隔离区，这，体现了大家的执行力。"

"祖国如有难，吾当作前锋。"祖国和人民需要的时候，禹宝庆都会挺身而出，冲在第一线。

2008 年 5 月，四川汶川大地震。两日后，禹宝庆随医疗队出发前往灾区，这是第一支进入震中"孤岛"茂县抗震救灾医疗队。他是"十八勇士"医疗队中的一员。

医疗队"空降"后，禹宝庆迅速投入紧急救援的工作。在县城的广场上，他们搭起三个军用医疗帐篷：一个手术室、一个休息兼会议室、还有一个备病室。随后就在那里展开了救援工作：清创、手术、固定、缝合……由于伤员都是躺在铺地的被褥上，禹宝庆和其他的医护人员都跪着进行检查、换药、打石膏。

那段时间，所谓的休息，就是在没有新的病人送来时，坐上一会儿。他们争分夺秒、紧张有序地营救着被困的灾民。在极其艰苦的条件下，他和战友们整整坚守了两个月。

2020 年，新冠肺炎疫情防控时期，禹宝庆时任浦东医院总指挥工作组组长，负责"员工与院感防护""疫情管控""培训与宣传""应急与医疗"等五大救援任务。他以较高的政治站位，每天，甚至一天多次在急诊、发热门诊等关键岗位和部门督导工作。他牵头梳理、设计诊疗流程，组建专家会诊队伍，改造发热门诊布局，布置院感防控和疫情上报、追踪等工作，协调各部门针对疫情开展工作，制定疫情防控与医治的相关预案和工作方案。

作为离浦东国际机场最近的综合性医院，以自己的行动统筹医护力量，同时支援武汉、浦东国际机场，接管集中医学观察点，将防疫、抗疫进行到底。

从疫情一开始，不论是节日还是假日，禹宝庆都亲临发热诊疗一线，曾因为夜以继日工作，过度劳累，突发眩晕。症状稍缓解后，又带病坚持指挥全员的医疗防控工作。根据疫情变化，他多次组织召开相关工作组会议，传达研读上级文件，及时汇报疫情数据，使疫情防治工作上传下达，井然有序。

禹宝庆协助院长、书记制定医院的重大决策，在短时间内，将原来仅有的两间隔离观察病房，变成 10 间、20 间、36 间……直至 100 间，使疫情的防控工作有条不紊。

禹宝庆以科学严谨、对上级和医院高度负责的精神，带领医护人员牢牢守住"医务人员零感染""院内交叉感染零发生"的底线，协助医院党委出色完成守住上海"东大门"的艰巨任务。国家指导组视察上海浦东医院，对医院的防疫工作表示满意并提出表扬。

良师：培育拔尖人才

"每一次手术都是一场考试。"

医生是一份需要不断学习、更新、投入的职业，需要长年累月的坚守与积累。在禹宝庆看来，身为一名医生，就应严以律己、精益求精。他的家中，医学类书籍、杂志放满了整整一面墙。

手术、科研、教学……除了以身作则外，禹宝庆还带领全科室同事刻苦钻研，不断提高医术水平。

建立手术资料集体讨论制度，确保医生在专注一个领域时，在骨科其他领域上也能保持不落伍。他多年来坚持定期召集科室内所有医生：讨论每一次手术资料；术前集体讨论最佳方案；术后再集体探讨是否严格按照术前方案进行，检查是否存在瑕疵等。

建立专业治疗组，培育拔尖人才。禹宝庆在骨科建立了脊柱、关节、创伤、运动医学、手外、足踝等8个专业治疗组，让医生在各自专业领域深耕，实现专业领域医学水平拔尖。原先需要两个小时甚至更长时间的膝关节手术，现在只需要一个多小时就能完成；髋关节置换手术，现在半小时就能完成手术，且手术出血量大幅度减少，手术中都不用输血。

创伤骨科技术人才辈出：叶秀章、姜新华、王永安、吴良浩、敖荣广等后起之秀，先后登上全国骨科学界的演讲者舞台。一支人才齐备的骨科队伍，已逐渐成熟起来。

目前浦东医院骨科共有两个病区，120张床位，年收治病人近5000人次，开展手术近3500台，年门急诊量为50000人次，在同级医院中名列前茅。

浦东医院骨科在2016年入选上海市医学重点专科，2017年再次入选浦东新区重点学科群，2018年入选浦东新区高原学科，学科得到跨越式大发展。

禹宝庆搭建新型医联体平台，为提高区域内医生技术水平不懈努力，培养出多名业内全国委员。他开展的"四肢关节周围骨折、骨不连治疗新技术"临床研究，已在国内30多家医院推广应用，相关研究成果获上海市科学技术二等奖、上海市医学科技奖三等奖、上海市中西医结合科技进步一等奖等。他获实用新型专利10项、国家发明专利2项，并投入临床使用，实现产学研一体化，减轻了患者的痛苦，取得相当大的社会效益。

作为国内著名的创伤骨科专家，禹宝庆积极组织从全国性到区域性的各种规模的学术活动。他为学生争取"高手论剑"机会，培养的博士生获得全国骨科专业比赛一等奖。

禹宝庆还致力于传播和推广先进创伤急救技术及理念，并参与国内严重创伤区域性救治体系的建设，带领团队开展"创伤急救早期规范化诊疗系统"的研究，制定骨创伤急救规范化治疗方案，为迪士尼及自贸（试验）区的建设与运营提供了可靠的医疗保障。

虽然科室业务繁忙、人员紧张，但浦东医院骨科坚持每月配备高级专家带队，送健康到工地、社区、居委、学校，不遗余力地为患者提供全过程的医疗服务。这项工作，持续了整整六年。

禹宝庆是一名骨科医生，行医的每一天，他的一言一行都在履行着当初的誓言：当一个好医生，治病救人！

一个人好，不如把一个科室搞好；把一个科室搞好，不如把一家医院搞好，这样可以帮助更多的人。

他在平凡的岗位上，履行医务工作者崇高的职责，诠释着新时期的白求恩精神。医

蒋捍东

上海交通大学医学院附属仁济医院　主任医师、呼吸科主任

第八批上海援鄂医疗队仁济医院医疗队队长

武汉雷神山医院感染二病区 ICU 主任兼党支部书记

雷神山 ICU 的"捍卫者"

——记上海交通大学医学院附属仁济医院蒋捍东

2020 年 2 月 24 日，仁济医院第八批援鄂医疗队进驻的雷神山医院重症加强护理病区接到电话：5 分钟后，病区第一位新冠肺炎患者即将到来。电话这头的蒋捍东早已全副武装做好准备……

蒋捍东，上海交通大学医学院附属仁济医院的呼吸与危重症医学科主任。这位曾经经历过"非典"的老兵在接到援鄂通知时，心中已经做好思想准备。"我是肯定要去的，既是呼吸与危重症医学科的医生，又是科室主任，已经做好随时听命上战场的准备。"

蒋捍东在三十多年的从医生涯中，先后参与多个重大突发医疗应急事件的救援处置工作。在 2003 年抗击"非典"疫情与 2009 年抗击 H1N1 禽流感的工作中，他曾担任青岛市"非典"防治专家组组长，并被山东省政府授予防治"非典"三等功。他先后获得 2016 年上海交通大学医学院优秀共产党员、仁济医院优秀共产党员，2018 年上海医师协会呼吸内科分会优秀呼吸医师奖，2020 年上海交通大学医学院"新冠肺炎疫情防控工作优秀共产党员"等荣誉、获评上海市"医德楷模抗疫特别奖"。他所带领的呼吸科党支部被评为 2020 年上海交通大学医学院附属仁济医院"新冠肺炎疫情防控工作先进基层党组织"。

抗疫"指挥官"

"不要害怕，把最难、最危险的病人留给我，你们根据指南和共识放手去救人！"

2020 年 1 月，新冠肺炎疫情暴发后，蒋捍东就"住"在了医院里。他作为医院防控工作专家小组的主要成员，每当发现疑似患者，都要第一时间组织开展评估筛查工作，确保新冠肺炎诊治工作万无一失。在他的努力下，医院很快梳理并完善了一套新冠肺炎患者诊断处置流程，所有疑似患者都在第一时间得到筛查并隔离治疗，最大程度降低院内感染可能，确保医护人员和其他患者的安全。无论何时，只要电话响起，蒋捍东总会第一时间赶到发热门诊和隔离病区，组织开展疑难、危重患者的诊断和抢救工作。医护人员都说："无论患者情况有多危重，只要看到蒋主任的身影出现，似乎立刻就有了主心骨，再大的困难都能克服。"

2月19日，蒋捍东主动请战，作为上海第八批援鄂医疗队仁济医院医疗组组长和医疗党支部书记，赴武汉雷神山医院支援。他带领大家接管了感染二科 ICU 病区的 32 张监护床位和 C4 病区的 48 张普通床位。新建成的雷神山病房"家徒四壁"，蒋捍东立刻带领队员们投入 ICU 的筹建设置工作。他们克服了种种难以想象的困难，靠自己的双手从库房一件一件地将仪器设备搬运至监护室，并自己安装调试……仅用三十多个小时，他们就将一个拥有全部治疗功能的 ICU 建立起来，并开始接收危重症患者。

"战场"准备好了，医护人员力量的调配也很重要。蒋捍东在短时间内根据医疗队队员的专长和能力特点成立了多个医疗专家组，发挥仁济医院的多学科诊疗优势，对每一名危重症患者都进行治疗方案的"量身定做"，确保他们每个人都能得到最好的综合救治。对于年轻医生"害怕因诊治经验不足耽误患者病情"的顾虑，蒋捍东说："不要害怕，把最难、最危险的病人留给我，你们根据指南和共识放手去救人！"

根据新冠肺炎危重症患者的临床特点，蒋捍东提出对早期患者进行气管插管呼吸支持，结合俯卧位通气与肺保护策略，同时克服困难，在严格防护的情况下积极开展气管镜检查，改善肺部引流，降低呼吸机并发症，提高呼吸道感染的病原菌的阳性率，从总体上提高了危重症患者的救治率。到关舱时，蒋捍东负责的病区共收治重症和危重症患者 123 人，死亡率仅为 2.3%。

专业"引路人"

"现在经过量身定做的免疫治疗和放化疗方案相结合，我们的'老朋友'越来越多，……这是让我最欣慰的地方。"

从医 30 多年，蒋捍东的严谨治学是出了名的。在同事眼中，他在业务钻研上总是最勤奋的。凭借自己的辛勤努力，蒋捍东在肺癌、间质性肺病、呼吸危重症的诊治及内镜介入技术的探索上做出了突出的成绩，并形成较为完善的治疗理念和心得。

在蒋捍东的患者中，长期带瘤存活的高龄患者有很多。他笑称："以前因为肺癌的长期生存率低，其他科的同事总说我们'没朋友'。但现在经过量身定做的免疫治疗和放化疗方案相结合，我们的'老朋友'越来越多，他们的生存质量也得到显著改善。除了需要按时治疗和随访，他们和普通人没有什么区别，也可以活到80多岁甚至90岁。这是让我最欣慰的地方。"他积极推广间质性肺病的规范化诊治，并亲自赴各基层医院进行带教，帮助全科医师建立对间质性肺病的正确认知，积极推广我国第一个特发性肺纤维化专家共识，还连续4年举办间质性肺病防治学习班，为间质性肺病诊疗的推广做出贡献。他提出了呼吸机撤离指标治疗的新概念，有效提高了呼吸危重症呼吸衰竭患者的救治成功率，较早普及无创通气术应用于慢性阻塞性肺病并发呼吸衰竭的治疗，并将容许性高碳酸血症通气的概念用于无创通气治疗慢性呼吸衰竭急性发作，使抢救成功率显著提高。在蒋捍东和团队的努力下，仁济医院呼吸科成为全国PCCP建设优秀单位。

蒋捍东先后主持国家自然科学基金面上项目5项，国家自然科学基金重大研发计划培育项目1项，省市级课题多项；他的多项研究成果分别发表于国际期刊，并在美国胸科年会、欧洲呼吸病年会、亚太地区呼吸病年会与全国呼吸病年会上做会议发言与专题报告，获得专家认可。他将多年的临床工作经验总结汇总，出版专著多部，其中，副主编4部，参编3部。

生命"守护者"

"患者拖着病体跑那么远来找我，实在是非常不容易。我能多看一个就尽量多看一个，能多救一个就尽量多救一个。"

提起蒋捍东，除了高超的医术，同事最敬佩的就是他高度的责任心和敬业精神。

在门诊楼，通常蒋捍东诊室的灯总是亮到最晚，因为经常有来自全国各地的疑难呼吸疾病患者慕名前来求诊。他总是说："患者拖着病体跑那么远来找我，实在是非常不容易。我能多看一个就尽量多看一个，能多救一个就尽量多救一个。"在蒋捍东最擅长的呼吸危重症的诊治领域，疑难患者通常都具有病程长、痛苦多、生活质量差的特点，大多数人因长期被病痛折磨，对治疗前景不抱希望，有时甚至还会迁怒于医护人员。但蒋捍东始终给予每一名患者最大的关心和尊重，不厌其烦地耐心做好解释工作，讲解疾病治疗知识，消除患者和家属心中的疑虑，帮助患者树立治疗的信心，取得患者的密切配合，形成和谐的医患关系。同时，他以精湛的医术让患者得到最规范的诊疗，最大程度的减少患者的发病次数，减轻痛苦。久而久之，许多老病人都成了蒋捍东的"铁杆粉丝"，保持了较好的治疗依从性，生活质量也因此显著提高。

他对家庭经济困难的病人加倍关爱，在积极改善病情、减轻患者痛苦的同时，还会尽可能减轻患者的经济负担。正是这样敬业的精神、高超的医术、全心全意为病人分忧的态度和工作精益求精的作风，使得他获得科室医护人员和患者的一致好评。同事都敬佩地说："蒋主任对每一名患者都像对待亲人一般，时刻想着为患者排忧解难。"患者也都感激地表示："蒋主任时刻为病人着想，从检查到治疗都为患者'精打细算'，确保每一名患者都能得到最适合的诊治。"

雷神山医院重症加强护理病区迎来的第一位"客人"被大家亲切地称为"老钱"。"当时大家每天都讨论老钱的救治方案，后来在所有人的努力下，老钱终于渡过了呼吸机抢救、感染等生死难关，后来还上了体外膜肺氧合（ECMO），成功脱机康复。"不久前，老钱给蒋捍东发来感谢视频，展示了自己的康复情况。这让蒋捍东备感欣慰："可以说，他见证了我们在雷神山医院 ICU 的工作。"

武汉之战，成为蒋捍东永远难忘的一段经历。蒋捍东说："在武汉唯一的遗憾是，当时有医生说武汉大学的樱花开了，但是我们没能看成。"医

惠 蔚

同济大学附属同济医院 主管护师、呼吸与危重症医学科 RICU 病区护士长

首批上海援鄂医疗队队员、武汉金银潭医院北三病区护理组小组长

重症监护室里的"巾帼"担当

——记同济大学附属同济医院惠蔚

惠蔚，同济大学附属同济医院呼吸与危重症医学科 RICU 病区护士长。从一名临床护士，到 RICU 护士长，近 20 年的护理工作生涯中，她勤勤恳恳、兢兢业业。曾获得"上海市抗击新冠肺炎疫情先进个人"、上海"医德楷模抗疫特别奖"、上海市护理学会"杰出护理工作者"等荣誉。

在得知需前往武汉重灾区支援的消息后，惠蔚第一时间报名。除夕夜，她作为上海市首批援鄂医疗队成员，随队出征，紧急驰援武汉，全力支援武汉开展医疗救治工作。

使命——成就最美逆行

"有国才有家，没有国哪来的家？"

2020 年 1 月 23 日，上海市卫健委正式发布《关于组派医疗队援助湖北应对新型冠状病毒感染肺炎疫情的通知》。号召一经发出，同济大学附属同济医院百余人请缨出战，半小时即确认出征名单。

惠蔚入选上海市首批医疗队成员。除夕夜下午 5 点半，医院紧急通知首批队员将启程奔赴武汉，从通知到准备出发只有短短三个小时时间。午夜时分，她已与首批队员在机场会合，等待出征。

1 月 26 日，上海医疗队正式接管金银潭医院的北楼 2 楼、3 楼病房。这是武汉乃至整个中国最受关注的医院，来这里的患者都是由武汉市卫健委统一调配的确诊病例、危重患者。

"大家都知道，前面有一场硬仗在等待着。为保证零感染，在正式上岗前，我们接受了一场高等级的专业防护培训。"如何戴口罩？如何穿防护服？有哪些隔离病毒感染的有效举措？……相关视频，所有医护人员必须反复看。队员们都知道，只有保护好自己，才能成为一个有战斗力的团队，也才能打赢这场战役。

"比想象中的任务要重，这里的病人都是一些重症患者。"当惠蔚正式进入金银潭医院三楼重症监护室工作，对她而言，这场战役真正开始了。三楼重症监护室，里面住着的都是一些危重症患者，其中不少患者处于呼吸衰竭状态。整个楼面分为清洁区、缓冲区、潜在污染区和病房区域。

陌生的工作环境，新的工作流程、感控要求、工作制度，都需要他们迅速地熟悉起来。在武汉同事的帮助下，在队长的悉心带领下，团队成员们加班加点，从科室的布局改造到仪器设备的准备，到人员的培训及防护物资的协调，一切都在有条不紊地进行着。

在进入病房前，所有医护人员都要佩戴绿色的厚版 N95 口罩；进入第二道玻璃门后，还要套上一件白色的整体式防护服，戴好护目镜。三级防护，如此里外三层，整个过程都需要 20 分钟左右。这样厚重的防护装备一层一层套在身上，体力消耗也远超平常。

由于援鄂初期任务繁重，加上防护装备缺乏，金银潭医院的护士一个班头都在 6 个小时左右，而惠蔚当天的工作从零点一直坚守到了上午 8 点。"8 小时内一直处于高度紧张的状态，没上过厕所"，惠蔚说。这是一个巨大的考验，因为装备穿脱太过麻烦，而且医疗资源有限，一上厕所，整套防护服就报废了。

在上海，惠蔚也是在重症监护室工作，但是在金银潭医院的工作量显然更大：每间隔 15 分钟监测患者生命体征，观察仪器设备运作是否正常，患者病情变化还要及时进行干预和处理……"身上的责任确实很重，不敢有一丝放松。"不过，惠蔚说，长时间在重症监护室的工作经验，让她有信心能打赢这场战争。

信仰——见证中国力量

"抗击疫情从来不是一个人的殊死抗战，而是一群人的休戚与共。"

上海医疗队抵达武汉后，无论是当地医护人员，还是市民，都表示出热烈的欢迎。更有爱心人士将丰富的食物送到医疗队入住的宾馆，面包、蛋糕、饮料等一应俱全。惠蔚说，所到之处总能听到感谢声，她能感受到一种深深的谢意，也让她坚定了战疫的信念。

在武汉金银潭医院北三病区，一个离病毒最近的地方，惠蔚和战友必须穿上密不透风的防护服。她们在给生活不能自理的重症患者做好常规护理的同时，还要给他们喂饭、翻身、洗漱，包括协助他们大便等。在武汉最冷的冬日，惠蔚流下了汗水。从 1 月 24 日到 3 月 31 日，从冬天到春天，从长夜到黎明，防护服是惠蔚和战友们援鄂工作期间穿过的最冷、也是最暖的衣服。

为了避免交叉感染，病房里不能开空调，还得开窗通风。武汉的冬天格外寒冷，一夜下来不少人的手都冻麻了。

在一线抗疫工作中，身边的党员战友时时影响着惠蔚，支持她在思想上积极向党组织靠拢。2020 年 1 月 28 日，惠蔚郑重递交了入党申请书。

困难面前，惠蔚丝毫没有退缩。作为护理组长，她积极配合护士长工作，不惧劳累，团结帮助同事，克服种种困难，用党员的标准要求自己，认真完成护理和各种救治工作，全心全意为病人服务。她以出色的工作态度和能力获得患者、组员的一致好评，得到党组织的高度肯定。3 月 10 日，她在党旗下庄严宣誓，加入了中国共产党。

惠蔚说，医疗队的所有队员都让人感动，交班时间还没到，下一班的护士已经提前上岗，互相温暖着。她以切身体会告诉大家："抗击疫情不是一个人的殊死抗战，而是一群人的休戚与共。"在国家、群众危难时刻，把个人与集体融入在一起，才能真正体现出一个人的价值。

责任——绽放青春活力

"既然投身护理行业，自踏入呼吸科的那一刻起，我就知道我将面临的是什么，我将肩负的是什么。"

作为一名护理组长，每天要协调好组员负责掌握患者情况，协助做好患者的基础护理、专科护理工作。保洁人员人手不足，她还需担起扫地、拖地板、倒垃圾、整理走廊环境的工作，做好消毒隔离工作，防止交叉感染。

她主动了解组员的身体状况，在组员有身体不适的时候及时安排休息，并给予关心和照顾。

为实现队内"零感染"的目标，每次进病房前，都要对每位组员防护服穿戴情况进行检查，不放过一丝漏洞，确保组员安全进入病房进行护理工作。

在病人发生病情变化需要紧急插管时，她第一时间进行物品的准备，协助医生进行插管等抢救工作，挽救了患者的生命。她的温柔、细致和认真的工作态度受到组员和患者的一致好评。

作为队内后勤保障组组员，惠蔚利用休息时间协助组长进行生活物资、医疗物资的发放和领取，使医疗队成员在生活、工作上都得到保障。

作为一名院部门工会主席，一名曾经的"老团干"，在抗疫前线同样承担起这个工作。关心一线职工的生活和工作需求，协调解决其家庭后方的需求，为一线员工送去慰问和祝福，成为院工会、团委和援鄂一线员工的桥梁。

返沪后，她仍然工作在医院的抗疫一线：借鉴武汉抗疫经验做好防控重要环节的把控；根据新冠肺炎特点，更新健康宣教资料和宣教方式；设置科室微信公众号，及时更新健康宣教知识并推行"云探视"制度等，在疫情常态化管理模式下做到及时发现、快速处置、精准管控、有效救治。

惠蔚在工作上精益求精，"以病人安全为主"为前提，不断完善及健全科室护理各项规章制度；修订和优化各种护理常规、护理应急预案、操作流程。做好护理队伍"传、帮、带"工作，深入开展优质服务教育；带领护士及团队用科学的方法解决护理临床问题，多次在院内的品管圈评比、活学活用PDCA案例评比、优质护理服务病区评比、护理操作比赛及论文交流活动中获奖。她在护理部和科主任的带领下做好科室管理工作，曾获"上海市卫生计生系统护理技能竞赛"优秀奖。

惠蔚觉得，作为一名护理人员，最大的幸福莫过于将自己所学的知识和技能奉献给需要的人，用自己的双手去创造每一张笑脸，用心去感悟她们的幸福。

"经历了疫情的考验，我更清楚地认识到责任如山、使命在肩。我将继续坚守医者仁心，以对生命的敬畏之心，守护群众的健康之路。"她这些质朴的话语中，蕴含着白衣天使的勇敢、坚韧，蕴含着抗疫先锋的大爱、坚定。医

樊 民

上海中医药大学附属岳阳中西医结合医院

主任医师、教授、心血管内科主任

第四批国家中医医疗队上海岳阳医院分队队长

武汉雷神山医院感染三科七病区主任

敬畏生命 感恩生活

——记上海中医药大学附属岳阳中西医结合医院樊民

樊民，医学博士，教授，上海中医药大学附属岳阳中西医结合医院心血管内科主任。从事心血管内科专业近 30 年，熟练掌握心内科常见病、多发病的诊治及危重急症的处理，在业内率先探索针刺麻醉与心血管介入相结合。

樊民曾获上海市科技进步一等奖、上海市康复医学科技奖一等奖，被评为上海市卫生系统先进工作者、上海市抗击新冠肺炎疫情先进个人、上海市优秀共产党员、上海市"医德楷模抗疫特别奖"、上海市仁心医师奖等。

争分夺秒，火线开科

"医生，是无悔的选择，是神圣的事业。"

樊民是家里的第三代军人，他的爷爷和父亲都是军人，爷爷还参加过解放战争和抗美援朝。受到家庭因素的影响，他选择报考第四军医大学，成绩优异的他最终零志愿提前录取，选择心血管专业，一读就是 6 年。毕业后他进入中国人民解放军总医院（北京 301 医院）工作，于 1997 年底调入第二军医大学附属长征医院工作。2015 年，他脱下军装，进入岳阳中西医结合医院工作。他坦言，对医学的热爱是在不断学习中获得的。

2003 年"非典"肆虐，他应召北上，参与小汤山抗击"非典"医疗队救治工作；2008 年汶川地震，他远赴江油救死扶伤；2020 年，新冠肺炎来势汹汹，他再次化身"樊大侠"驰援武汉。

樊民第一时间主动请缨奔赴前线："小汤山医疗队队员樊民报名！"他说自己是

共产党员，"小汤山"和汶川救援的经历让他看到了太多的生离死别，更明白自己肩上的担子有多重！"我有非常丰富的抗击疫情经验，如今武汉全线告急，我去最适合！作为一名曾经身披军装的人，面对疫情，我只想说：若有战，召必回！"

"武汉天河机场，本来应该是人山人海，我们来的时候却是空空荡荡，十分萧条。我深刻体会到传染性疾病的暴发，对于一个国家的社会影响、国家秩序、国民心态、国家经济来说，都是巨大的打击。"樊民感慨。

初到雷神山医院，病房建设刚刚完工，百废待兴。为了让团队所接管的感染三科七病区早日运作，樊民及其团队成员顾不得休息，马不停蹄地展开病区准备工作：申领物资、搬运家具、铺床整理、物品消毒……大到电冰箱、文件柜，小到微波炉、办公用品、被褥床单，每件物品都是他们亲手搬运的。经过一天一夜的奋战，病区内的设施终于基本到位。

2月19日下午，病房投用，团队整装待发，静候病人入驻。樊民邀请昔日小汤山战友卢根娣老师一起打头阵，"来，卢主任，我们两个老战友，带着姑娘们一块出去。"身后的年轻人掌声雷动，紧张的气氛在无形中化解。周全的准备，让樊民团队在两小时内顺利地收治了48位病人，成为这批援鄂医疗队中第一批收治病人的团队。

3月31日，他带着岳阳医院医疗队全部平安凯旋。在雷神山奋战的44个日夜，樊民所在的医疗队共收治了201名患者，中医药覆盖率达100%，患者零死亡、零复阳，医疗队员零感染。

打好中西医组合拳

"抗疫是一时的，而救死扶伤的事业却是一生的。"

樊民始终记得，抗击"非典"时，当他第一次走进病区，打开医务人员和病人的那扇隔离门的一刹那，脑海里就是"咫尺天涯、生死刹那"。"就要推开半污染区和污染区之间的那道门时，我真觉得手上的门把有千斤重，腿跟挂了沙袋一样，虽然过程可能只有一两秒，但我感觉过了好久。"樊民说，将心比心，医护人员也是人，面对未知病毒都会紧张害怕。为了最大限度地缓解队员情绪，他稍有空闲就会和队员们分享自己在小汤山的经历，还安排大家做接诊演练，帮助大家做好应战准备。

樊民带领团队结合当地疫情特点，充分发挥中医药及中西医结合的优势，率先开展特色中医外治方法，将岳阳医院特色的针灸、功法、穴位敷贴等中医外治法综合运用于患者的治疗中，100% 中西医结合救治率是团队在新冠肺炎救治中交出的出色答卷，为上海方案积极贡献了"岳阳智慧""岳阳经验"，赢得了患者、同仁、当地政府及媒体的广泛好评！

在雷神山坚守的 44 个日日夜夜，他们充分发挥中医药和中西医结合优势，拟定"上海雷神 1 号方"，一人一策，制定精准治疗机制。具有海派特色的中医疗法，不仅收获了良好疗效，也赢得了患者一片叫好。

"我们什么时候能喝上中药？"病人真诚的请求让樊民心头一暖。在他的带领下，医疗队给所有病人都分别开出了中医治疗处方，让所有病人都喝上了具有海派中医特色的中药汤剂。除了中药汤剂，医疗队还带去了岳阳医院最具特色的中医外治法，用中医综合治疗方法提升疗效，不仅收获了良好的临床疗效，也为病人带去极大的信心。

每天早上，樊民都会穿上防护服，写上"樊大侠"进入隔离病房查看病人情况。有一天，樊民带着一袋刚刚运到武汉的香囊走了进去。"这批香囊是岳阳医院后方专门定制的，有着'驱邪辟疫'的作用，放置了石菖蒲、艾叶、苍术等具有芳香化湿作用的中药材。"

基于病区患者的治疗情况，樊民认为中西医结合疗法，对抗击新冠肺炎意义重大。"在目前西医找不到特效药的情况下，临床诊疗可以把中药加上去，中西医结合的办法 1+1 效果会大于 2。"事实上，随着抗疫救治工作的深入，中医疗法的功效已经逐渐得到印证。

进驻雷神山医院的半个多月里，一批批病人康复出院。在病人可以活动的外走廊的墙壁上，樊民全队所有医护人员的姓名贴组成了一个大大的爱心，中间贴着医护人员对病人鼓励的话语和一位位出院患者饱含深情的感谢信。雷神山医院的出院祝福卡上写着这样一段话："病毒拉开了我们的距离，却让我们的心贴得更紧，难忘一起并肩作战的日子。今天，看到你安全出舱，我们好高兴，我们坚信，爱是最好的武器，让我们一起迎接春天的到来！"每每目送着出院病人被社区隔离车接走，樊民由衷高兴，他说："病人的健康和平安，是我们医疗队最大的心愿！"

来自抗疫一线的"开学第一课"

"教师、医生，一个塑造灵魂，一个挽救生命。"

让樊民感动的不仅仅是患者的真情，还有来自医学生的一腔学习热情。

2020 年 3 月 2 日，上海中医药大学开启线上教学，其中五门特殊的临床课放在武汉医院。授课老师作为第四批国家援鄂中医医疗队员，将最真实的临床课堂延伸到抗疫最前线。

抗疫的第一线，也是教学第一线。身兼医生与西医内科学教研室副主任双重身份，樊民在抗疫一线通过视频与居家学习的学生连线，给他们上了特殊的"开学第一课"。他说："我是医生，也是老师。今天早上是我的课，我应该在岗位上。"他与学生分享在前线抗疫的工作与感悟，介绍了中西医学在防治新冠肺炎中发挥的作用。

临床真实案例，就是最好的课程素材。学生不仅听到老师的讲授，还能和老师在线互动。援鄂医疗队的老师解读抗击疫情一线的临床案例，结合课程内容，讲述此次新冠疫情遣方用药的感悟。

课堂连线中，老师告诉同学：上海医疗队接管了雷神山医院感染三科两个病区，正式接诊患者一周后即有患者康复出院。中医药治疗全程贯穿，辨证论治佐以养生功法激发正气，疗效非常显著。希望学生能增强学习中医的信心，加强理论知识与临床实践的结合，注重解决临床问题能力的培养。在线学习不是单指学科类专业学习，更为重要的是在特殊时期对于学生世界观、人生观、价值观的养成教育，以及对于中医药的文化自信。

学生反响热烈，纷纷表示，"在抗击疫情中，不能仅凭一腔热血，必须要有扎实的医学功底。而作为医学生，好好学习，打牢基础，才是我们能做的最有用的抗疫方式！""从老师身上，我看到了医者的仁心和斗志。只要国家和人民需要，就要在第一时间挺身而出。这才无愧于我们的白衣战袍！"

"凡民一生，一生凡命，得之我幸，失之我命。"这是他的微信签名。他常说自己是个平淡的人，但他的经历，却是那么不平凡。

从"小汤山"到"雷神山"，樊民不愧军装、不负白衣，用行动作出了对"医德楷模"最美的诠释！医

医德楷模
提名奖

丁新德

上海交通大学医学院附属新华医院崇明分院

主任医师、普外一科行政副主任

病人就是我们的亲人

——记上海交通大学医学院附属新华医院崇明分院丁新德

丁新德，中共党员，上海交通大学医学院附属新华医院崇明分院普外科副主任，上海市中西医结合肛肠外科专业委员会会员。曾获得上海"医德楷模"奖，并先后获得"上海市先进工作者""上海市区域名医""崇明区十佳医生""最美崇明人提名奖"等荣誉称号。

从医三十多年来，他敬业奉献，默默奋斗在临床一线。他，心系患者，时刻把患者安危放在第一位；他，医德高尚，对所有患者都充满爱心，态度和善；他，以德感人，将职业操守内化于心、外化于行。

植根家乡为百姓

"医者，不仅要技术过硬，还要真诚、细心。"

丁新德小时候体弱多病，经常奔波于各医院间，深感作为一个普通老百姓的孩子求医问药过程的艰难。他立志：长大后要做医生，做老百姓自己的医生。

20 世纪 80 年代，丁新德大学毕业后主动要求回到家乡，在崇明中心医院（现新华医院崇明分院）连续工作了三十多个年头。日复一日在医院工作，医院的一草一木、医院的建设发展，牵动着他的心。2010 年，为创建三级医院，新老院区都需要加强绿化，他将植于自家老宅的有五十多年树龄的大银杏树，无偿送给医院。这颗枝繁叶茂的银杏，如他一样，深深植根于生态崇明的沃土。

丁新德诊治过的患者不计其数，从小小的肛窦炎到直肠癌大手术，他都认真对待，细心诊治，毫不马虎。每一位经过他治疗的患者都会被他的真诚、耐心所打动，对他留下深刻印象。

2012年6月，丁新德为一位从云南来的老年患者主刀肠癌手术。查房问诊时，看她经济困难，悄悄塞了500元给家属，嘱咐给老人买些营养品。更让人感动的是，他还亲自下厨烧菜、炖汤，为患者补充所需营养。他不仅用医术挽救了老人的生命，更用爱心给予老人亲人般的关怀。

同年12月，一位家住城桥镇的95岁老太太患肠道肿瘤，希望手术治疗，提高晚年生活质量。丁新德明知高龄手术麻醉要求高、术后易出现并发症，风险很大，但看着老人期待的眼神，他决定接受挑战。他跟家属充分沟通，制定手术方案，并亲自联系麻醉科主任，在周密细致的术前准备后，为老人顺利切除了位于直肠部位直径达8厘米的恶性肿瘤。术后，他每天为老人换药，还宽慰老人："老寿星，这关闯过去了，再闯百岁大关没问题。"出院的时候，家属感激之情难以言表，亲手送上了感谢信。

2005年，丁新德在当地挑战首例超低位直肠癌保肛手术，取得成功。三年来约50例保肛手术病人均无并发症，顺利出院。

腹腔镜手术与传统开腹手术相比创伤小、康复快、技术难度大。2012年，丁新德成功完成首例腹腔镜结肠癌根治术；三年来腹腔镜结直肠癌手术比率明显升高，达35%，在国内同级医院相同水平以上。三年来，他每年手术病人在500例以上，在区域内同行业医生中首屈一指。

丁新德主持并完成市区级以上科研课题8项，在专业杂志上发表论文20余篇，有3篇获优秀论文一等奖。他主持及完成区级科研项目"崇明区老年人慢性便秘流行病学研究和防治"和"醋酸甲地孕酮对高龄结肠癌术后化疗患者生活质量的临床研究"，在国家级核心期刊发表论文2篇。

心系患者蕴真情

"患者就是我们的客人、亲人、自己人，病人平安了，我们就安心了！"

丁新德想患者所想，尽自己所能为患者治疗，三十多年行医生涯患者零投诉。

　　2011 年 11 月，普外科收住了一名 65 岁的肠癌患者。术后，患者出现多脏器功能衰竭。面对这一棘手情况，丁新德立刻组织各科专家会诊，制定治疗方案。患者病情危重，一直没有小便。丁新德连续 48 小时守候在监护室，累了，就靠在病床边休息一下，渴了，就喝一点水。一直守在患者身边，随时调整救治方案。终于，经全力救治，患者排出尿液，他这才长长松了口气，回家休息。他明白自己的每一个决定都是在和死神交手，身为医生，他不能辜负病人对他的信任。

　　2013 年 4 月，医院收到一封由"市委领导信箱"转来的感谢信。患者陈女士，身患直肠癌，并伴有糖尿病、双侧股骨头坏死、类风关等多种疾病，手术风险极大，但丁新德勇于担当，一切以患者为中心，全程监护、细心诊治，每天早、中、晚、夜（晚上 10 点）四次雷打不动查看患者，随时调整方案，把并发症扼杀在萌芽状态。他不仅用医术救治患者，更用他亲切的话语开导患者，为患者带来健康。

　　家属在感谢信中写道："丁主任心系病患，全身心地投入到对病患的救治中去。他不仅给予母亲积极、科学的治疗，而且反复与我们进行沟通疏导。住院的日子里，在休息日，甚至晚上九十点钟我们经常能见到丁主任亲自查看病人、为病人忙前忙后的身影……这份责任感、对工作的一丝不苟令我们感激和钦佩。像丁主任这样的有着良好医德、精湛医术、兢兢业业、不谋私利，能设身处地为病人及家属着想的好医生真的不多见，他让无助的病人看到了生机和希望。"从这封信的字里行间，我们可以读出丁新德一贯的工作作风，以及患者及家属对他的感激之情。

　　30 年如一日，丁新德的服务理念是把时间留在医院，把微笑留给病人。他已经十多年放弃公休，每年上班时间 350 天以上。他说："你对病人有什么样的感情就会有什么样的态度，你对病人有什么样的态度就会有什么样的结果"，"病人有时会带有一些情绪，要以真情打动他们"。他对病人充满爱心，对待每一位病人——无论年龄大小、职位高低、贫穷还是富贵，都一视同仁。他经常说："病人就是我们的亲人、客人，病人平安了，我们就安心了！""医生要学会换位思考。"是啊，换位思考、真诚待人，丁新德以自己的实际行动来努力构筑和谐医患关系，踏实执着，一步一个脚印，是我们学习的榜样。

抗击新冠勇担当

"医务工作是人命关天的大事，容不得半点马虎和草率。"

"医生这个职业是工作责任心非常强的专业，要时刻把病人记在心头；医务工作是人命关天的大事，容不得半点马虎和草率。做一个好医生一定要有奉献精神、敬业精神，在医术上，只有靠孜孜不倦、勤学苦练方能成功。"

从2020年初起，一场突如其来的新冠疫情打乱了城市生活的节奏。然而，在新华医院崇明分院，在普外科，治病救人的节奏却从未被打乱，一切都忙碌而有序地进行着。

疫情期间，为减少病毒传染的风险，医院停止了慢性选择性手术患者的收治，但对于急腹症，如胆囊炎、阑尾炎、胰腺炎、肠梗阻的患者应收尽收，该手术的马上手术；对于限期手术的患者，如恶性肿瘤亦尽早收住，尽快手术，不得耽搁时间导致病情恶化。

丁新德放弃了全部休息（包括春节的7天假期），每天坚守岗位，战斗在第一线。这期间，他一共做了60余例手术，收到了2面锦旗和3封表扬信，所管辖床位上的患者不曾间断。他把时间留在医院，把微笑留给患者。

病毒无情，人间有情！在繁忙的工作之余，丁新德毅然加入志愿者队伍，始终坚守在疫情防控一线。作为一名党员、一名先进工作者，他用自己的实际行动，努力践行医者的使命和担当。

丁新德常说"态度决定一切"，从医多年，他无惊人的壮举、无耀眼的光环，唯有用一份执着、一份真诚，在平凡的岗位上演绎着"医者仁心"的风范，诠释着"白衣战士"神圣的职业操守。医

吴先正

同济大学附属同济医院　主任医师、急诊医学科主任
急诊医学教研室主任、急诊医学住院医师规范化培训基地主任

"我是老百姓的医生"

——记同济大学附属同济医院吴先正

吴先正，同济大学附属同济医院急诊医学科主任，门急诊党支部书记。他忠诚于党的卫生事业，心系患者安危，刻苦钻研医疗业务，不断优化就医流程，打造了急性中毒救治的专科特色和急危重症患者抢救绿色通道质量保障体系。

把握全局：24 小时随叫随到

"对于急诊科而言，24 小时待命是我们的工作常态，哪怕是过年期间，我们也很难探亲访友，急诊科医护全员都坚守在一线的岗位上。"

作为上海市西北区域唯一的三级甲等综合性医院，同济医院急诊医学科承担着周边普陀、闸北、宝山、嘉定及江苏昆山、太仓等地 400 余万居民急危重症的救治重任。

"24365 工作制"——24 小时分分秒秒、365 天时时刻刻。急诊医学科是永远没有休息日的部门，是生与死较量的战场，而救护车的警铃，就是对医务人员职业道德、业务技能的真实考验。

吴先正始终把病人的安危放在首位。2008 年以来，他从未休过一个节假日，每个双休日都到科室加班查房，了解病情。他从确保医疗安全出发，坚持每周两次对观察室近 50 名留观病人及重症监护室患者进行主任查房。出现危重患者抢救和突发事件，他更是 24 小时随叫随到，亲自指挥、把握全局。

2003 年，4 名民工"毒鼠强"中毒，经积极救治全部痊愈出院。

2004 年，某高级中学 100 余名学生食物中毒，经积极抢救全部转危为安，受到上海市闸北区教育局的高度评价。

他勇于承担工作重任，在历年重大公共卫生事件处置中冲锋在前。

2009 年，H1N1 肆虐，吴先正作为医院专家组组长、上海市专家组组员，积极组织院内外会诊，妥善救治 H1NH 重症患者及孕妇。

2012 年，急诊科团队又一次成功救治 9 名氯气中毒患者，为百姓的生命和健康尽职尽责。

2020 年世博会期间，同济医院急诊科承担上海市唯一指定涉访人员定点医疗机构任务，出色完成救治工作。

支援武汉抗击疫情，同济医院急诊与危重症学科派出肖武强医生，另有 1 名急诊科护士随时待命，2 名急诊科医生支援本院发热门诊，急诊科 6 位高级职称的医生参与发热门诊的专家团队，进行会诊工作。

此外，吴先正还特别重视弱势群体的救治，体现医者仁爱之心。2008 年 11 月，急诊抢救室送来 1 名多脏器功能衰竭的患者。上海多家医院专家会诊，认为死亡率高达 98% 以上。家属不甘放弃，但家中经济条件极差。吴先正一方面积极组织抢救，一方面组织医务人员募捐，义举带动了不少护工自发捐款，更是深深感动了患者家属。

他常把一句话挂在嘴边："我是老百姓的医生。"每次查房，在常规的问病情、查体、看报告之外，吴主任总是要对患者进行开导，用言语和行动减轻疾病带给患者的痛苦和压力。"无论是中毒，还是心脏病发，很多人到了医院，一时难以及时、恰当地调节心理，他们需要心理上的帮助。"也许短短几分钟的倾听，对患者却意味着康复的希望。

从医 35 年来，吴先正秉承"救死扶伤、大医精诚"高尚医德，把创先争优落实在一言一行中，体现了一名一线医务工作者的职业道德以及人文关怀。他曾获"上海市用户满意服务明星""市教卫系统优秀共产党员""市教卫系统医德标兵"等荣誉称号。

党建引领：急诊科众志成城

"门急诊工作忙、累、脏，年急诊总诊次大于30万次，平均每天就诊人数超过800。每当遇到困难、加班、抢救，大家总会看到共产党员的身影。他们默默无闻，吃苦耐劳，发挥着先锋模范作用，影响并带动着身边的每一位职工。"

为了更好地确保患者的医疗安全，门急诊率先实行了"6天工作制"，党员带头，医护人员坚持周末加班，义务奉献，遇到紧急情况更是随叫随到。为心脏骤停的患者接力做胸外心脏按压，持续半小时甚至一小时是常有的事，党员打头阵，不言放弃。逢年过节突发状况更多，党员医护人员总是自告奋勇坚守阵地，有几位外地同志已经连续好几年没有回家乡吃年夜饭了。

作为科室负责人，吴先正严格制度建设和规范管理，组织科室质控小组，每周进行病史自查、病例讨论和每周一学习制度，充分听取群众意见，坚持民主公开、公平公正原则，有很高的群众威信。他用"以身作则""患者零投诉"的医德风尚营造了和谐的团队氛围与和谐的医患关系。科室内部的和谐增强了团队的凝聚力和战斗力，医患关系的和谐使医疗投诉大大降低。

35年来，每个五一、十一等节假日，吴先正都放弃休息，主动和一线医生站在一起。每天总是早早来到科室，逐个把抢救室、前急诊、观察室巡视一遍。每当科内医生最需要帮助的时候，总是会及时出现在他们的身旁，让一切井然有序。

在吴先正的带领下，急诊医学科团队荣获"全国医药卫生系统先进集体""上海市工人先锋号""上海市共青团号"等殊荣。

2016年，门急诊党支部中的急诊医学科获评年度"上海市青年文明号"。2018年，该支部被上海市教卫工作党委授予"党支部建设示范点"称号。如今，支部又被教育部评为"全国党建工作样板支部培育创建单位"。

荣誉的背后是全体党员共同努力和所有医护人员团结奋斗、吃苦耐劳的奉献精神。他们用热血传递着生命的力量，让党徽金色的光芒闪耀在抢救生命的第一线。

医者智慧：改善医疗，服务社会

"患者来到医院就诊，也许只是来配药，也许有大的问题。接诊的时间短暂，不可能问清所有的病史，但是一边处理、一边理清思路，却是一位医生的基本功。无论是上门诊、下急诊，还是夜间病房值班，都需要有清醒的头脑，不能有丝毫的延误。"

吴先正对待工作认真负责，精益求精，全身心投入。他重视学科建设和青年医师培养。以宽广的视野和正确的世界观、方法论，教育引导青年医生学习和成长，以自己师德风范和人格魅力，凝聚、感染着年青一代。他对学生、下级医师及进修医师进行言传身教，院急诊医学在短时期内得到突破性发展，被评为"全国急诊专科医师培训基地"。他根据急诊的学科特色，从实际出发，紧密结合临床，鼓励下级医师从病例入手，积极撰写病例报告。把创先争优、医德医风建设与团队作风建设、岗位建功成才结合在一起。

针对急诊医学科承担着每天近 1000 人输液、输液环境拥挤不堪、医疗安全质量存在隐患的现状，吴先正组织护理同事创新推出"三原色输液管理"服务项目，按照病情轻重缓急针对性地给予分别处理，取得良好效果，获第一届上海市临床护理成果奖三等奖。"红区"服务特、重急诊，需严格控制滴速及严密观察的病人；"黄区"服务特殊治疗的病人，如化疗、静滴甘露醇和行动不便的病人；"蓝区"服务一般门诊病人及急诊次日输液病人。"这样分类管理，既确保了重点病人重点看护，也可缓解人手不足的矛盾，最重要的是保证了输液安全。"这项特色输液服务，已被多家医院学习和推广。

针对急诊患者特点，科内同事积极想办法，改进工作。急诊输液的老年患者习惯赶早，上班族又只有晚上才有时间到医院就诊，为了满足各方需求，防止患者在急诊区域集聚，护士长陈雪妹在急诊输液室制定了"错时上班"制度，增加"早早班""夜高峰"等，此举受到患者一致好评——医护人员用自己的辛劳，给予患者更大的便捷。

吴先正组织全科人员抓好三基学习，扎实提高工作技能，2010 年，获得上海市卫生系统心肺复苏大赛第一名的殊荣，科内青年医护人员在各级各类岗位能手评选中屡获佳绩。

他始终认为，医疗保障不仅事关贫困群众切身利益，更事关脱贫攻坚大局。除每年派出急诊医学科医护人员参加为期半年援滇和一年援藏的团队式医疗援助外，也长期为云南、西藏、新疆等贫困边疆医疗薄弱地区提供医疗援助。

"做老百姓的好医生。"如此平凡的一句话，却是对自己提出的最严格的要求。"急病人所急，想病人所想，以病人为中心"，吴先正，就是这样一位老百姓心目中的好医生。医

医德楷模提名奖

宋冬雷

上海冬雷脑科医院　主任医师、院长

"做令人感动的医疗"的践行者

——记上海冬雷脑科医院宋冬雷

宋冬雷，上海冬雷脑科医院院长、中国社会办医十大领袖人物。他是个自信、果敢、坚毅的人，在神经外科工作了30多个春秋，时刻以一位医生的人格品行践行着"做令人感动的医疗"这一尊严。

行医路上，他乐于奉献、心系百姓，勇于探索、敢为人先，精于技术、造福患者，攻于科研、创新发展，勤于耕耘、科学育苗。

乐奉献，心系百姓千万家

"让病人的痛苦减到最低，让患者的压力降到最低，让病人的人格得到最大尊重。"

宋冬雷出生在江苏南通的一个小镇，从小就是镇里的"孩子王"。

他天性喜欢自由，有着与生俱来的领导力，而且想法特别多，擅长随机应变。他的个人履历非常完美：高分考入上海医学院，分配到华山医院最顶尖的神经外科，师从专业泰斗级人物周良辅教授，在40岁时就已晋升为博导，一路交织着梦想与荣光。

为了使自己的业务素质过硬，他专程去美国，在世界顶尖的脑血管病和神经外科中心BNI，学习世界上最先进的神经外科技术。

宋冬雷是我国首位获得Onyx介入治疗许可的医生。他将Onyx介入治疗引入中国，并将这项技术传授给全国各地医疗界同行的开拓者。这一突破性治疗手段的引入，为无数脑动静脉畸形患者带来了福音。

2017 年，他又率先开展 Pipeline（密网支架）介入治疗。这一技术的应用和普及，将巨大宽颈动脉瘤患者的治愈率从原来为 55%—65% 提升至现在的 95%。

为了让更多患者能够得到精准治疗，他发起并成立了"长三角脑疾病疑难杂症多学科诊治中心"，已为多名国内外脑动静脉畸形患者进行了诊治。

作为国内外早期同时精通血管内栓塞治疗和显微外科手术专家之一的他，以自己的专业水平和学科优势，累计治疗就诊患者 5 万余人次，完成颅脑和脊髓的显微手术 2 万余例。自 2015 年创建 BDG 冬雷脑科医生集团以来，他带领团队累计服务患者 8000 余人，脑血管造影和介入显微手术治疗 4000 余例，患者术后并发症低于同行平均水平，多项技术达国内及国际领先水平，质量指标达国际标准，患者满意度均达到 5 颗星的高度。

宋冬雷，一贯乐于置身于患者之中，想百姓之所想。为了减轻病人的负担，他大力主张并引进采用微创手术对患者进行治疗，不仅缩短了病人的平均住院天数，而且还大大减少了病人的用药占比，有效达到了"看病时间短、花钱合理、效果好"的目标。

为了让更多的百姓了解和掌握医学知识，他以"脑健康"布道者的身份，奔走在上海及周边省市义诊活动的人群中。

在他的带领下，上海冬雷脑科医院已持续开展义诊活动 60 余场，义务服务患者及百姓数以万计。为了资助需要帮助的人，他代表上海蛟腾医疗管理投资有限公司及下属 BDG 冬雷脑科医生集团，向上海周良辅医学发展基金会进行公益捐赠，以帮助贫困人群就医、鼓励医学科研创新、培养优秀医学人才和改善基础医疗设施。

宋冬雷不仅在工作上锐意进取、恪尽职守，而且在行动上遵纪守法，清正廉洁，近年来个人及团队总计退还患者红包高达 70 多万元。

勇探索，社会办医敢为先

"我们试图改变中国医疗，不是为了自己。"

在科技、知识、人才密集的卫生行业，宋冬雷勇于探索、敢为人先。

2013 年，他离开华山医院神经外科，到上海德济私立医院任院长。

2014 年 8 月，张强、宋冬雷、阎春林教授共同起草并公布《中国自由执业医生誓言》。医生跳出体制自由执业、多点执业，终于在国内医疗体制深化改革的大背景下，迎来了厚积薄发的一刻。

2015 年，宋冬雷开创了自己的崭新事业"冬雷脑科医生集团"。

从一位功成名就的名医，成为冬雷脑科医生集团的创始人，身份角色的转变，给他带来了更多的责任。

他说，"关键是主动归零，放正心态。六年前，我走上了医生创业之路，是经营者，是管理者，同时又是专家和学者。能做到内外平衡，这需要人生的危机管理。人只有处于绝境之时，才可以重新审视自己的行为和生活，并激发那份内在的原生潜能。这与做脑外科手术的思维模式如出一辙。"

2019 年，一所承载着上海市卫健委厚望的、具有人文关怀的国际化高水平的脑科医院应运而生——上海冬雷脑科医院，它从诞生之初就以"做令人感动的医疗"和"患者需求第一"为服务理念。

这所医生集团自建的国内首家脑专科医院，采取全预约制，一切用以保证患者与医生有充分的沟通时间。医院首期开设 100 张床位，有神经外科、神经内科、神经康复、重症等神经相关学科的 40 多位医学专家加入。同时，受益于上海对高水平社会办医的支持，医院也将成为沪上名医"多点执业"的重要平台。

医院在脑血管、脑肿瘤等高难度的疾病诊治方面达到国内领先水平，4 年来，开展脑外科手术 3000 多例，其中三、四级手术达 80%，术后患者一类切口感染率低于 1%，疑难患者死亡率低于 2%，平均住院日小于 9 天，纠纷数为 0，患者满意度 100%。

医院承担了上海市科委"Willis 内覆膜支架系统的临床研究"课题和首都医科大学附属北京天坛医院的"Pipeline 治疗动脉瘤的中国上市后多中心回顾性研究（PLUS）""近端阻断增压技术（PCT）对提高脑动静脉畸形液体栓塞剂（Onyx）栓塞效果的研究"等课题，多篇论文论著被收录 SCI。

担任首席专家的宋冬雷，凭借打造医生个人品牌的创新实践，荣获首届中国健康产业医生服务创新"奇璞奖"。他勇于探索敢为人先、勤于思考精于医术、专于科研甘于奉献的医德品行，得到同行的高度认可。

宋冬雷多次担任学术团体资深委员，是社会办医机构中唯一一位连续两届担任上海市卫健委高级职称评定的专家。

勤耕耘，用心带教育英才

"救死扶伤，解除每位患者的病痛，永远是医者的第一使命。"

无论身在体制内还是体制外，宋冬雷始终都把学术研究放在第一位，并主动承担继续教育和科研任务，不断致力于促进医疗水平的整体提高和发展。

为了让科研成为推进医学发展的强大动力，他先后创办了冬雷脑科研究与培训学院，下设冬雷脑科神经介入培训学院、冬雷脑科术中电生理监测培训学院、冬雷脑科医生品牌培训学院，并成立了长三角脑疾病疑难杂症多学科诊治中心。

从 2016 年至今，坚持每年举办神经介入培训班，培训医生数百人。为了提高学术研究的针对性，他每年举办冬雷脑科神经外科学术年会。

2018 年 5 月，受上海卫健委委托，宋冬雷领衔完成"上海市高水平社会办医政策发展研究"并圆满结题，其中部分提案被《上海市人民政府关于推进本市健康服务业高质量发展加快建设一流医学中心城市的若干意见》采纳。

宋冬雷本人还多次受邀参加国务院办公厅、上海市卫计委、上海社科院、深圳市卫计委的医改调研及国外的学术交流汇报；承担上海市科委课题，且多篇论文论著被收录 SCI。

他时刻关心年轻医生的学习和成长，念念不忘培育医坛新秀。为了给青年医生创造更多的学习培训机会，他建立了一套育才、引才、聚才、用才的工作机制。

每年举办 4 次以上的免费学术培训、学术沙龙和病例讨论大赛，他亲自担任 Pipeline（密网支架）介入治疗技术的培训师，邀请高年资的教授专家与中层神经外科医生齐聚一堂进行交流探讨。

对于积极上进的年轻医生，他还会由医生集团出资，送他们到日本、韩国、美国等地参加国际性的学术活动。

　　为了让医生集团核心专家的水平始终与国际接轨保持领先地步，他派遣团队到北京天坛医院、上海华山等医院进行研修学习，还多次让自己的医生团队走出国门，赴德国、美国、加拿大等国家顶级的神经外科中心，接受世界先进神经外科技术理念的学习和再深造。

　　在宋冬雷人才强医战略的布局下，一个鼓励人才干事业、支持人才干成事业、帮助人才干好事业的良好医学氛围欣然形成。在他的亲自带教下，十数名优秀青年医生脱颖而出，成为神经外科领域的佼佼者，直接受益医生数千人。

　　宋冬雷，是大伙心中最敬佩、最爱戴又最惧怕的导师。

　　30 年的从医路，他以一个共产党员的高风亮节和一位医疗工作者的博大情怀，以精湛的医术造福数万名患者，以顶尖的科研技术推动医学领域进步，以创新的勇气不断谱写从医生涯的华彩篇章。医

医德楷模提名奖

周彩存

上海市肺科医院 主任医师、教授、肿瘤科主任

见证肺癌靶向治疗崛起的时代

——记上海市肺科医院周彩存

周彩存，博士生导师，二级教授，上海市肺科医院肿瘤科行政主任、肺癌免疫实验室主任、临床药理机构副主任，同济大学肿瘤学系主任、肿瘤研究所所长。

周彩存一直致力于肺癌靶向治疗、抗血管治疗、免疫治疗及临床转化等方面的研究，已成为中国最重要的临床研究负责人之一，是 19 项国际、国内多中心注册临床试验的主要研究者。是上海市领军人才，曾获上海市科技进步一等奖、国家科技进步二等奖、上海市五一劳动奖章、上海市"医德楷模"提名奖、"国之名医·卓越建树"称号。

"抢时间"，构建医患双赢

"患者是医生最生动的'教材'，要学会从细节找问题。"

作为一名医师，周彩存认为最重要的是做好两件事：一是看病，二是研究如何看好病。

看病的诊室，是内科医生掌控人生的舞台。周彩存看门诊有两个"坚持"：一、坚持至少提早半小时开诊；二、坚持亲自诊疗，极少请助手帮忙。一上午，近50位患者，加上陪同家属 100 多人，问病史、看片、查体、诊断、电脑写病历、开化验单、打印报告、解释病情、叮嘱注意事项，他亲力亲为，一个人全搞定。他的打字速度堪比速记员，1 分钟 200 字。"我快一点，候诊患者就能少等一会。"

"很多患者凌晨四五点开始排队，就为了请大专家看一看"，周彩存说，"患者带着希望，千里迢迢赶来，不能让他们失望，更不能让他们带着负面情绪离开"。

周彩存每周三次门诊，他耐心接待每一位患者和陪同家属，给出相应的专业诊断和治疗方案，用专业硬实力给患者解决问题，用软实力缓减患者多方压力和负面感受，并得到患者的信任和赞誉。对患者来说，信任医生、充分配合，是治疗疾病的"良药"。对医生来说，每一个病人的好坏都事关声誉，所以，"永远不要把病人当作负担，他们是你的作品，"周彩存说。这就是医患间的"win-win（双赢）"。

与死神"抢时间"是肿瘤科的常态，周彩存和他的团队更是将"抢"做到了极致。他曾率领团队建立并完善了肺癌小标本获取方法及分子分型快速检测路径，在肺科医院就诊的晚期肺癌患者，从初诊到初步确立治疗方案仅需 4 天（其他医院甚至欧美国家则至少需要 14 天）。从实验室建立、团队完善、人员培训到流程优化，这项被称为肺癌"中国速度"的探索工作，周彩存带领团队用了约 10 年时间才健全成熟，也因此获 2017 年度中国抗癌协会科技奖一等奖。

取材快、出结果快、技术先进、团队合作流畅是达到这一速度的几大关键因素。对于团队成员来说，深夜 11 点可能还在为患者做穿刺活检，这一切努力就为了挤时间——在第一时间从病理学上确认是否为癌。上午送的标本，下午就可以出分子病理结果。急患者之所急，每一步都必须往前赶，从技术层面实现诊疗时间的缩短不是难事，但团队协作、各科室的高度配合和积极态度才最终打造了一支流程顺畅、强执行力的团队。

周彩存还带领团队最早在国内开展分子标志物用于早诊的研究，将肺癌早诊率从 69% 提高至 95%；建立了国内最早最全最好的分子检测平台，帮助 95% 以上晚期患者找到驱动基因，实现个体化诊断；建立广覆盖、无死角的肺癌个体化治疗方案，提高晚期肺癌疗效……10 多年的探索和攻关，无数次临床—转化—基础研究，周彩存带领团队逐步建立和优化肺癌精准诊疗策略和全程管理路径，改变了中国肺癌整体诊疗模式，为肺癌患者带来希望。

周彩存先后承担兼主导了国家 863、国家自然科学基金、上海市科委重大攻关、申康新兴前沿等项目 20 余项，在国内外刊物发表论著 400 余篇、SCI 论文 200 余篇，主编主译学术专著 6 部；5 年来申请发明专利 6 项（专利发明人）、授权著作权登记 4 项。

育良医，桃李竞相争春

"做了有益于病人的临床研究，是我们感觉很开心的一件事。"

无论多忙，周彩存都坚持为本科生上课。多年来，他一直承担着医学院肿瘤学全部教学、内科呼吸病学部分理论授课。他招收和培养了 60 余名硕、博士生，悉心指导他们学习和科研，每月抽出 1—2 个半天，召集所有人开"组会"，学生汇报各自课题进展，他一一给出意见；对二年级以上的博士，他不定期向他们发送大量文献，要求他们提交学习报告、设计课题，面对面进行指导。

不遗余力地指导，结出丰硕的果实。2019 年毕业的蒋涛就是其中一个。他是国内肿瘤学在读期间唯一荣获全球肿瘤领域顶尖学术会议奖项"大满贯"的博士生，目前已发表学术论文 86 篇，其中作为第一作者的有 48 篇。蒋涛说，"除了看诊、查房，周老师业余时间最大'爱好'是看文献、了解国际最新进展。节假日也多数在医院，与我们交流学习心得、分享好的想法，鼓励我们一起去实现它。"

对年轻医生的培养，周彩存也倾注了大量心血。他在科室内推行规范化诊疗，带领团队优化流程创造肺癌诊疗"中国速度"，团队的所有医生也因此成长为跨科室的全能型人才。他们会读片，会做支气管镜，会穿刺取组织，会操作内镜下超声引导穿刺，还会做转化研究，懂标本保存，会做检测……

他定下规矩，所有年轻医生必须自力更生，病人收治入院后，四天内必须把治疗前诊断全部搞清，包括病理和分子诊断等，及时对患者开始治疗。

"你有困难可以提出来，我们一起想办法，但当一名医生必须自我加压。"当年轻医生们学会看病之后，周彩存又提出了更高的要求——要有学术能力、研究能力、教学能力……之所以定下看似严苛的标准，是因为周彩存明白，一双双渴求生命的眼睛都在期待着他们。

如今的肿瘤科已是上海市肺科医院王牌中的王牌，获得"2017 年上海市重中之重临床重点学科建设项目"。120 余名医护人员，平均年龄仅 35 岁。目前，科室有医生 37 人，其中正高 6 人，副高 8 人；博士 5 人，硕士 23 人。团队成员任胜祥、苏春霞等人多次进入上海市曙光计划、上海市杰出青年医师、浦江计划、扬帆计划等多层次人才计划行列，人才梯队储备充足，学科团队建设合理。

下基层，推动规范诊疗

"当个好医生，必须常怀悲悯之心。"

周彩存说："做医生，需要一种使命感。"作为党支部书记，他经常带领医生开展义诊，服务百姓。

"病人是看不过来的，所以预防和筛查尤为重要。因为早期肺癌可以手术切除，甚至治愈。"随着研究的深入，周彩存把目光瞄准了肺癌的预防和早筛。

近年来，周彩存带着团队陆续推出多个科普和继续教育项目，致力于提升基层诊疗水平和推动基层肺癌诊疗规范化。他说："基层医疗水平提高，患者在家门口就可以进行肺癌的筛查、复诊、随访等长期规范管理，这样才有高质量的生存获益。"

"肺癌网络公开课"，邀请国内百余位肺癌领域专家，以视频讲课、动画等多种形式，用最简单的语言讲述肺癌基础诊疗知识。

"肺癌规范诊疗基层巡讲"，历时6个月，横跨宜春、锦州、遵义、百色、洛阳等6个城市，累计线下培训1000多名医生，线上超过万人观看，义诊患者200余人。

"绿肺计划"，覆盖100个地市级和县级医院，通过培训、义诊、提供进修机会、帮助医院建立规范诊疗平台等方式，全方位助力提升基层医疗水平。据悉，到肺科医院进修的医生累计1400余人。

凸显专业和前沿的是"肺癌直播间"，通过远程连线向全国直播的方式，围绕临床实践中的疑难病例，一线城市三甲医院的大咖们进行现场多学科诊疗（MDT）讨论。

医疗无国界。医院还与美国科罗拉多大学、德国海德堡大学、波兰比亚威斯托克医科大学、哈佛大学丹娜法伯（Dana-Farber）癌症研究中心建立了长期合作，并接受多名德国、日本、美国医生前来进修。连续10年举办国际性会议中德肺癌论坛和 18 届国家级肺癌个体化治疗进展学习班，累计参会 1 万余人次。

从医 30 余年，周彩存见证了中国肺癌治疗水平的腾飞。

做有益于病人的临床研究、在国际上发出中国声音、为患者提供最佳治疗……他始终在用自己的坚持守护医者仁心的信仰，守护患者的生命健康。医

赵志芳

上海交通大学医学院附属第九人民医院黄浦分院

副主任护师、李琦换药室护士长

守护生命的疗伤天使

——记上海交通大学医学院附属第九人民医院黄浦分院赵志芳

赵志芳，师从"南丁格尔奖"获得者、全国劳模李琦老师，是上海市护理学会造口伤口失禁委员会委员、中华护理学会专家库成员。她在日常工作中，时刻发挥一名党员的先锋模范作用，二十多年如一日，不忘初心默默奉献临床一线，经常放弃休息为患者换药。

第三代接班人挑重任

"护理工作不在乎脏、臭，只在乎你能否将病人的伤病处理妥当，让他们快速痊愈。"（李琦语）

1996 年 7 月，赵志芳开始了自己的职业生涯。她先后在内分泌科、老年科、消化内科、心内科、呼吸内科、传染病科、普外科、五官科、眼科、肿瘤科等护理岗位工作，对待患者胜似亲人，多次受患者表扬。

2009 年 1 月，赵志芳经院领导推荐进入李琦换药室，参与伤口护理工作。新的工作环境，工作性质比病房更复杂，专业要求更高，更具挑战性。此时的她心里明白，"这是党组织对自己的信任，既然选择了就一定要做好、做细、做精、做强，一定要将李琦老师的精神与技术发扬光大。"

从此，赵志芳开始了学徒生涯，遇到问题穷诘不休，勤学苦练基本功。她经常翻阅书籍学习，做笔记，提高理论知识水平。之后，她又将所学理论知识结合用于临床实践，碰到疑点和难点就与前辈探讨，汲取优秀经验。在李琦和朱月珍老师的倾心指导下，她的换药技术突飞猛进，不到半年就能独立处理各类伤口。患者对她的技能也非常满意，她的换药"粉丝"越来越多。

工余，赵志芳自学完成护理大专和本科学历，并获得学士学位。

2012年7月，经3个月魔鬼式训练，赵志芳获得国际造口治疗师证书。这次的学习经历，使她开阔了眼界，为她勇攀专业高峰打下了扎实的基础。

赵志芳除了具备扎实的专业功底，更具备较强的心理适应能力及持之以恒的奉献精神。换药室工作又脏又累又苦，风险高，但她从来没有退却过。工作中她热情主动接待每一位患者，在业余时间主动为有困难的患者上门换药，有些伤口恶臭刺鼻难以呼吸，有些伤口大如"碗状"，有些伤口深不见底，还有些患者身上的伤口如"满天星""千岛湖"……面对这些，她从不退缩，从不马虎，用自己的专业，用心对待。每当累得回家腰都直不起来，手指痉挛得不听使唤，她也不曾想过退却。

本着这样的一股劲，赵志芳在换药岗位上至今已坚持了十余年。如今，她的技能完全能独当一面。只要她在，患者就会很安心地等待她为他们换药，她——就是名副其实的李琦换药室第三代接班人。

赵志芳先后获得"全国卫生系统先进个人""第一届左英护理奖"提名奖、"上海市十佳护士""第一届黄浦工匠"、上海市"医德楷模"提名奖等称号。

人性化护理显魔力

"患者需要我，这点困难和患者的病痛相比算不了什么，只要他们能早日恢复健康，能活得有尊严，比什么都重要。"

赵志芳不仅技术精湛，更是有着愈合患者心里伤口的"魔力"。在她看来，每处伤口背后，都有一个故事，她愿意做这些故事的"聆听者"，从内心成为这些故事主人公的朋友。她愿意用自己甜甜的微笑、真心的付出和做自己力所能及的事，去守护这些受伤的患者，让他们能感受到人间的点滴真情。

工作时，赵志芳每天都笑着与患者交流，不断鼓励帮助患者树立信心，使他们不仅伤口痊愈，更对生活充满希望。记得有一位烫伤患者，当时大医院说要截肢，家属不同意，后来找到了她，经她攻关克难，精雕细琢，力求最小伤害、最少支出、最少时间、最少痛苦，不断关心疏导。经换药 160 天，患者伤口逐渐愈合，患足保住，生活质量明显提高。

还有一位患者，皮肤硬如石膏附体，远远望去像穿着古代的盔甲，身上味道很远就能闻到，疼痛难眠始终折磨着她，多家医院以各种理由不接受换药，生活质量难以想象。后来经人介绍找到了九院黄浦分院。赵志芳根据患者的情况，制定人性化护理方案，先用温盐水冲洗，棉球轻拭，蚕食清创去除腐臭痂皮，清创胶软化坏死组织，缓解疼痛，抗菌敷料控制感染等。经三次细心呵护，难闻的味道消散了，创面逐渐鲜红了，感觉也不那么痛了。原本无法躺下，现在能晚上躺下入睡了，患者舒适度明显提高。此时，患者心中别提有多高兴，握着她的手激动地说："赵老师，谢谢你，谢谢你，让我重新燃起对生活的希望！"

还有一次，一名 80 多岁患者，家住老式阁楼，来回换药很困难，治疗存在很大影响。赵志芳了解情况后，骑着自行车主动上门换药，无论刮风下雨，从不间断。医生曾断言换药治不好的伤口，在她的坚持下，经过三个月的精心护理，伤口奇迹般地愈合了。为表达谢意，患者家属送上钱和物，她都谢绝了。这样的故事，不胜枚举。

传道授业育新苗

"职责所在，只要坚持，终有希望。"

走过 10 余年的专科护理道路，在赵志芳眼里，"换药"不只是一门技能，更像是一项艺术创作——对患者伤口的呵护，就是在修复残缺的美，为此需要投入更多的精力。

赵志芳在专业上不断进取，她带领团队运用独特的如窦道探针螺旋法、蚕食清创法等换药技术，传承创新，创造很多难愈伤口治愈的奇迹。

目前，赵志芳已是上海市护理学会第十一届理事会造口伤口失禁委员会委员、中国康复医学会修复重建专业委员会创面治疗（护理）专委会委员、中华护理学会第 27 届专委会专家库成员、WCET 会员。她在工匠研修班学习时深刻体会到:"工匠喜欢不断雕琢自己的产品,而我们专科护士也要用工匠精神来引领临床实践,这样才能使我们的专业更贴近患者,更好地为患者的健康服务。"

目前,赵志芳已承担、参与市区级课题 13 项,发表论文多篇,其中论文《立奇膏联合百克瑞治疗糖尿病足的临床研究》获黄浦区护理学会论文比赛二等奖。她还参与出版《李琦伤口护理》一书。她参与的"蚕食清创法联合立奇膏治疗糖尿病足"项目获第 28 届上海市优秀发明选拔赛银奖,同时,她还成为上海国际造口治疗师学校见习基地、上海市护理学会伤口适任护士实训基地、黄浦区伤口护理实训基地的带教总负责人。

赵志芳坦言,学科的研究与进步,离不开团队每一位成员的共同努力与拼搏。近 3 年,她带教学员 500 余名,业余出诊及远程指导 5000 余次。她带领的团队,已培养出 2 名国际造口治疗师和 3 名伤口专科护士。她与团队不断完善工作制度及换药流程 50 多项,一起制作视频及宣教手册,一起开展专业知识讲座及业务培训。她还带领团队探索服务模式新的转型,通过院领导牵线搭桥各方面的支持,开展党建带团建,使优质护理资源在区域内共享。

她利用下社区平台对社区护士开展专业培训,提高社区护士伤口护理管理水平及换药操作能力,切实解决老百姓"换药难"问题。她参与的项目"建立区域伤口护理联盟共享优质护理资源"获 2018 年上海市"优质护理资源向基层辐射区域联动"优秀项目。

她还通过院内、院外会诊及网络微信平台远程咨询指导,出诊遍布上海各区,网络服务达全国各地。个人年换药达万余人次,年治愈率在同行业中位居前列。为此,她所带领的团队先后获评"上海市模范集体""上海市劳模创新工作室""上海市技师创新工作室""黄浦区劳模创新工作室""黄浦区名医名师工作室"等称号。

在当前抗击新冠肺炎疫情阻击战中,赵志芳积极报名参加援鄂医疗队和医院志愿者服务队,并递交了特殊党费。她始终坚守初心、钻研技术,以"护者仁爱之心"延续前辈足迹,成为老百姓心目中"守护生命的疗伤天使"。医

医德楷模提名奖

姚巧兰

上海市奉贤区南桥镇社区卫生服务中心　主管技师

小荧屏前的大"神探"

——记上海市奉贤区南桥镇社区卫生服务中心姚巧兰

"山不在高，有仙则名。"医院不论大小，有好医生则灵。姚巧兰，是一位普通的 B 超医生，但她所在的南桥社区卫生服务中心，却因其"火眼金睛"而名满奉贤。

唯一来自基层社区医院的进修医生

"学无止境，我还有一个身份，是学生。"

起初，姚巧兰是一位内科医生。1977 年，她从医专毕业。20 世纪 90 年代初，她响应医院号召，转岗到了新建的 B 超室。面对着崭新的 B 超机器，大家都不禁有些傻眼：这得如何操作？"大不了就是从头开始学。"她性格里总有着一股不服输的劲儿。

1992 年底，结束了为期两周的短期速成学习班，她觉得不满足，"超声检查是实时动态的，医生的手势、轻重、角度都可能得出不同的诊断结果，漏诊、误诊等情况也往往是因为经验不够丰富或不够细致造成的。为了对患者负责，也对得起自己的事业，我还是想再看看更多病例。"

1993 年下半年，姚巧兰的带教老师获得机会前往肿瘤医院学习。姚巧兰也想去，但按照规定，她只能前往上级区级医院，远没有资格到市里进修。带教老师看姚巧兰认真努力，便"顺便"带上她去"偷师"。没想到一来二去，这个郊区来的"小医生"就以"好学、勤奋"打动了超声科主任、我国著名 B 超专家朱世亮。

1994 年，姚巧兰正式获得去肿瘤医院进修的机会，成为该科室迄今为止唯一来自基层社区医院的进修医生。

从 1993 年起至今的每一个周四，她清晨 6 时不到起床，风雨无阻地辗转奔波于奉贤与徐汇之间，花一整天的时间跟老师学习。"以前交通还不像现在这样便利，还要过轮渡，花的时间更多一些。"

现在，姚巧兰可以算得上是科里的"老资格"了。近 30 年间，肿瘤医院超声科三代人接棒传承，但大家始终无一例外欢迎这位"编外成员"来学习进修，参与疑难病例讨论。"我其实还蛮不好意思的，总怕打扰他们。"

姚巧兰把发自内心的感激落到了实处：清晨若是到得早，她就主动协助大家整理房间、开机准备；下午科里迎来最忙的时段，她就帮忙打印报告，在减轻大家负担的同时顺便为自己增加知识量。最晚一次，她与肿瘤医院的科室同仁一同加班到晚间 8 时。在归途的公交车上，姚巧兰丝毫感觉不到劳累，"我特别满足"。

就这样一年年，姚巧兰在路途中见证着一座城市的发展与变迁，也让自己的 B超诊断技术在一次次地病例讨论、业务参与中越发精进。

一定不能漏诊

"不放过一丝疑点，不妄下一个结论。"

早些年，朱世亮的一句话成了姚巧兰的工作准则——"一定不能漏诊。"

超声检查不乏特殊图像，每一处细微的阴影和亮区都可能与患者的疾病发展密切相关。"朱老师告诉我，看不懂没关系，可以再请专家会诊分析，但做 B 超的时候一定得仔细照到每一处角落和平面。若有漏诊，三五个月可能就错失了最佳治疗机会。"

总有人问姚巧兰，如何避免漏诊误诊的情况？"认真。"简单的两个字，是姚巧兰日复一日的细致与耐心。别人做三五分钟的 B 超，在她手上，时间总要翻上一番。遇到异常图像，她更会反复斟酌，将报告记录打印下来，并跟踪随访患者的复诊或手术情况。在她的办公室，存满了写着病例笔记的报告单，已塞满整整三个抽屈。为了保证诊断质量，她限制每天 30 个号源，如今预约患者已经排到 10 月初。

她忘我工作、关爱病人，每天提早上班、延迟下班已成惯例，休息时间还会带病人去上海肿瘤医院请 B 超专家会诊，帮助落实住院事宜，联系手术主刀医生。她以精湛的医技、高尚的医德赢得病人广泛赞誉。

慕名而来做 B 超检查的病人越来越多，姚巧兰几乎再无"准时上下班"的日子。除了每周四去学习，她每天必须赶在 7 点前到单位。由于病人多，常常提早开诊。午饭匆匆解决，有时甚至用饼干充饥，直到晚上 7 点左右，看完当天取到号的所有病人才回家。

多年来，姚巧兰把在肿瘤医院学到的知识和自己的行医实践密切结合起来，细心加上认真，不放过一点可疑之处，已经成长为肿瘤医院的"外派"专家，捕捉癌瘤的本事越来越大。

她的 B 超诊断准确率逐日提高，也陆续得到了不少市区大医院专家的认可。经过长期不懈努力，姚巧兰练就了一双"火眼金睛"，B 超荧光屏上任何一丝疑点都难逃她的双眼。她先后检查出各类肿瘤 2000 多例，其中早期癌症病例 500 多例，诊断准确率近 100%，创造了令同行和市区大医院专家赞叹的业绩，及时挽救了患者的生命。

南桥镇上的金凤凰

"奉贤的病人需要我一天，我就留在奉贤一天。"

"老百姓以前总说，社区医院么，就是配配药的，我可不这么认为。"姚巧兰坦言，郊区医疗资源相对欠缺，但人口数量并不少。无论在自己的临床工作抑或三甲医院的学习进修中，她都发现，各类实体肿瘤的发病率均有明显上升，且不乏同时罹患多种癌症的患者。"在治疗前，一些基础的检查就应该在家门口完成，这就对我们提出了挑战：社区医生能托牢这张网底吗？"

2019 年 5 月，住在市区的王先生与妻子经朋友力荐，前往姚巧兰门诊进行 B 超检查。"三甲医院设备好、医生技术精湛，去郊区的社区卫生服务中心，有必要吗?"很快,他的顾虑就打消了。"B 超检查室是冷冰冰的,探头和耦合剂也是冷冰冰的,但姚医生不仅医术高,更有一颗真诚待人的热心。"王先生说,"她总是面带微笑,检查中遇到图像异常,也会用老百姓听得懂、能接受的方式解答,既强调了诊治疾病的重要性,也照顾到了患者情绪。"

回到家后,王先生依旧感慨万分,写下了题为"南桥镇上的金凤凰"的感谢信。

如今,姚巧兰早已成为南桥镇的一张"名片"。

一位奉贤社区干部说:"为什么群众那么相信姚医生?因为她把大家都当自家人看待。"她所尽的不仅仅是一个医生的职责,只要病人需要,分外的事,她也总是不厌其烦地相助——利用自己的休息时间带病人去肿瘤医院请专家会诊、帮助落实住院事宜、联系手术主刀医生等,遇到经济困难、行动不便的病人,她还让丈夫开车接送病人……

她性格内向,不善于和人打交道。然而,对待病人时,她却相当热诚。遇到老年患者,她总是一边做 B 超,一边拉家常。很多时候,遇到患者查出肿瘤,她从侧面了解家属的联系方式,想办法通知到家属。

二十多年来,无论是市区大医院的选调,还是民营医院的高薪聘请,姚巧兰从未动摇,一直坚守在南桥。她说:"奉贤的病人需要我一天,我就留在奉贤一天。"

2013 年,在奉贤区人才工作领导小组的关心下,"姚巧兰 B 超工作室"诞生了。10 余名来自基层卫生服务中心的医生通过该工作室组成 B 超诊断讨论组,定期商讨患者治疗方案,提升了社区卫生服务医疗质量。在她的精心指导下,她的学生小张如今也以精湛的技术和良好的医德在病人中树立了很好的口碑。

除了悉心指导带教科室成员,姚巧兰还先后接纳海湾、柘林、西渡等兄弟单位的十余位超声医生前来进修学习。针对学员们技术水平参差不齐,她设计个性化的教学方案,还利用午休间隙,讨论病例、分析疑难图像,解释超声图像角度及方位,更新业务知识,纠正认识误区,提升学员们的超声影像诊断技能。

姚巧兰先后获得感动奉贤十大人物、上海市先进工作者、上海市"十佳"医技工作者、全国巾帼建功标兵、上海市职工职业道德建设先进个人、姚巧兰名师工作室等荣誉称号。

面对荣誉，姚巧兰说，"救死扶伤是白衣天使的神圣职责，我只是做了自己应该做的。"在医生这个平凡的岗位上，她始终用真诚、热情和汗水践行着自己"还患者以健康"的人生追求和梦想。医

顾春江

上海市奉贤区中心医院

副主任医师、原内科党支部副书记、大内科主任

春江义诊，医暖奉贤

——记上海市奉贤区中心医院顾春江

慈祥的眼神，亲切的笑容，宽厚的肩膀，已迈入古稀之年的顾春江，迟迟不愿脱下至爱的白大褂。他退休前曾任上海市奉贤区中心医院大内科主任，在他的积极倡导下，开创了神经内科，为医院填补了空白。从医四十余年，他以精湛的医术、崇高的医德，全心全意为病人解除病痛，成功救治许许多多疑难危重患者，被病人誉为"白求恩式的白衣天使"。

健康小屋，为民义诊守护健康

"我在这里生活几十年，乡帮乡、邻帮邻，我与他们有割舍不下的情分，居民也牵挂着我。"

顾春江，是土生土长的奉贤人。曾是空军桂林医院的一名军医，转业后回奉贤一线从医。不仅是一位德高望重的好医生，更是一位热心社区公益事业的好人。

运河居民区老人多、困难群众多，老年人平时到中心医院挂专家门诊号，要起早排队，很不方便，普遍存在"小病拖、大病熬"的现象。

1997年，当时家住运河居民区的顾春江响应社区号召，思量着成立一支义诊服务队。"我们是中共党员，应当为小区尽一份力。"他与同行高正章、吴宝荣一拍即合，约定在小区内开办一个免费"小诊所"，在居委会的支持下，"运河新村医疗义务咨询站"正式成立了。

同年3月5日，三人第一次在古华公园开展"学雷锋"义诊活动，在居民中引起热烈反响。"不出小区就可以看到区中心医院的专家门诊啦！"大家知道区中心医院的大医生在小区内开设义诊，纷纷奔走相告。

此后，每月的第一个周六，顾春江三人便扎点在运河居委：用几张旧桌子、旧椅子拼在一起，7 点准时在此守候，为居民提供义诊服务、健康咨询等。

咨询站运营不久，另两名医生因生病、工作等原因先后缺席志愿者服务。面对困境，顾春江坚守约定，毅然扛起全部的责任。他放弃休息日甚至节假日，无论严寒酷暑还是刮风下雨，义诊日就是工作日，从不间断，这一坚持就是二十多个春夏秋冬。

渐渐地，咨询站被居民亲切地称为"春江健康小屋"。这个称呼，饱含着病人对医生的肯定、尊敬和感激之情。

小屋原先只有一间诊疗室，条件简陋、诊疗设备缺乏，容纳不了越来越多的就诊居民。如今，居委会在位于古华 B 区的居民之家二楼，特地开辟了医疗咨询、中医诊疗和心理咨询三间诊疗室，并由共建结对的医疗机构提供药物和设备，就诊环境和诊疗条件都大幅改善。

小屋的服务时间从每月 1 次增加到 2 次，医疗志愿者分组分类别为居民提供服务；服务项目也从原来的 3 个增加到 10 余个，包括量血压、测血糖、牙科检查、中医火罐、日常检查诊疗、心理健康咨询等，并且增设了健康讲座、慢性病专题防治咨询等服务内容。服务队还建立起一套完善的运行和管理制度，定期召开研讨会，团队成员之间经常进行交流和沟通。

"春江健康小屋"获评上海市群众最喜爱的社区志愿服务项目，顾春江被评为上海市杰出志愿者。他还先后获得上海市劳动模范、上海市卫生系统先进工作者、上海市医务职工精神文明十佳好事、感动奉贤十大人物、慈善之星等光荣称号。

2018 年 3 月顾春江荣登中国好人榜，11 月又入围全国最美志愿者上海市选送名单。

2019 年，顾春江上榜全国学雷锋志愿服务"四个 100"先进典型——全国最美志愿者，入围"上海市十佳好人好事"。

一诺千金，妙手仁心铸医魂

"我 72 岁了，只要身体允许，我会一直坚持下去。"

"顾医生，我心口有点痛，麻烦你给看看！"义诊室里来了位五十多岁的阿姨，捂着胸口找到顾春江，说自己最近经常胸闷、心慌、人难受。顾春江检查后发现其有心脏疾病，建议她马上去大型医院做心电图等详细检查。可阿姨却不乐意了：自己一直身体健康，顶多就是中暑、感冒等小毛病，怎么可能会得心脏病？于是，悻悻地回了家。待第二天心绞痛越发严重时，她才告诉家人顾医生建议她去医院检查，经检查后确诊是急性心肌梗死。康复出院后，这位阿姨就成了顾医生的忠实"粉丝"。

"丁零零、丁零零……"一阵急促的电话铃声打破了寂静。"是春江健康小屋的顾医生吗？我舅妈好像生病了，顾医生你赶紧来看看吧！"顾春江匆忙挂上电话，立马拿起医疗箱冲出门口。原来这位老太太的子女都不在身边，已经 99 岁高龄的老人患了急性左心衰，需要立马送去医院实施抢救。顾医生第一时间拨打了 120 急救电话，又与医院急诊室取得联系，迅速开启绿色生命通道，做好抢救准备。可是，老太太的家人都不在。看着病榻上的老人，顾医生二话不说，背起老人就往楼下跑，等到一路把老人护送进医院，他才发现原来自己的衣服早已被汗水给浸透了，五十多岁的人竟一下子瘫坐在椅子上起不来。等到老人转危为安时，他悄悄离开了医院。

20 多年里，这样的故事还有很多很多。小区居民早已记不清顾春江有多少次反反复复耐心地为居民进行医疗保健讲解；有多少次为居民指导正确服药，保持病情稳定；有多少次陪伴病患奔赴医院，开通绿色通道为急症患者赢得宝贵的救治时间。

在"春江健康小屋"志愿服务团队的努力下，许多居民的疾病都得以早发现、早治疗，许多慢性病患者得到更好的养护。同时，在潜移默化中，小区居民掌握了丰富的卫生保健常识、树立了健康的生活观念、对常用药的用量和用法都有了一定的认识，对许多慢性病的防治知识也如数家珍。

2003 年，顾春江的家搬离了运河居民区，在医院的工作责任也更大了，他动摇过也犹豫过，但居民的一次次挽留、一声声感谢让他最终决定把"春江健康小屋"坚持办下去。

2013 年，顾春江患了重病，10 月 31 日，他入院动手术，输入血量达 1600 毫升。躺在病床上，他还是挂念着"春江健康小屋"每月的义诊怎么办。2014 年 1 月 8 日，还没完全康复的顾春江又准时出现在"小屋"，为居民们义诊。在此期间，"春江健康小屋"共停诊 2 次，这也是 20 多年来这个"小屋"唯有的 2 次。

每当居民们竖起大拇指、夸赞顾春江是位妙手仁心的好医生时，他总是谦和地淡淡笑着说：这一切都是无怨无悔的选择，自己只是一名平凡的居民、一位普通的医生。

星火燎原，医疗志愿者薪火相传

"看病不容易，我是人民培养出来的医生，一定要为人民大众看病。"

慢慢地，"春江健康小屋"在居民中的名气越来越响，许多周边社区居民也慕名而来，每月一次的义诊总是人满为患，少则五六十人，多则七八十人，许多居民要排队等候，有时还因为不是医生擅长的领域而不一定能够得到解决。

在顾春江的倡导和影响下，如今的"春江健康小屋"早已从一个人的坚持变为一个团队的奋斗。越来越多的"顾春江"也在传承这份志愿精神，让约定延续，让奉献继续。

小区内的退休医生、党员设岗定责前来报到的在职医生，区中心医院、南桥社区卫生中心、古华医院、光明卫生院、牙防所、奉浦医院等共建单位的医生都陆续加入医疗服务队。目前，"春江健康小屋"志愿者达到 23 人，累计义诊居民近 4 万人次，志愿服务总时长超 12000 多小时；辐射小区 6 个，服务项目 10 余个，累计接诊居民 4.5 万余人次。不少疾病得以早发现、早治疗，许多慢性病患者得到更好的养护。

顾春江的精神也影响了南桥的一大批医务工作者，他们纷纷进入各个社区，成立医疗志愿服务团队，从定期集中义诊到上门医疗服务、全科团队服务等。南桥镇40 个居委和区域内各大医院成立了医疗志愿联盟，志愿服务的种子遍地开花，相继涌现出了一大批志愿服务队伍：育秀一居医疗服务队、古华一居医疗志愿服务队、江海三居"相约星期六医疗服务站"……社区医疗志愿服务在贤城遍地开花、蔚然成风。

　　"做一件好事不难，难的是一辈子做好事"，顾春江的可贵之处就在于坚持，一步一个脚印地坚持了二十多年，守住了寂寞，做出了成效，更把志愿服务精神带进了越来越多人的心里。相信会有更多的"顾春江"医生温暖着居民的心。医

医德楷模提名奖

郭常义

上海市疾病预防控制中心 主任医师、副主任

大众健康的"守门人"

——记上海市疾病预防控制中心郭常义

郭常义，从事公共卫生事业工作已有 35 年个年头。他发扬高尚的医德医风，从与全社会人群息息相关的水、空气、食品等方面潜心研究、用心做事，用"仁心、博爱"切实履行大众健康"守门人"的神圣职责，将卫生事业融入生命，为推进人民健康做出重要贡献。

关注民生，守护城市居民生活

"我们的预防关卡提前一点，能更好地预防传染病和慢性病的发生。"

疾控人员不仅是医学工作者、科技工作者，更是健康知识的传播者。多年来，郭常义和他的团队默默无闻地做了大量的工作，筑起了城市公共卫生安全的一道"隐形墙"，守护着城市居民日常生活。

为全市居民饮用水安全保驾护航。郭常义作为环境卫生工作领域的资深专家，在上海市主要水源地保护和新水源地的选取、水厂集约化建设布局、二次供水卫生管理等多个方面提出了卓有成效的建议和意见，全面指导上海市饮用水卫生管理工作。同时，作为卫生领域专家，郭常义多次参加环境卫生标准修订的工作会议，承担多项标准制定工作，建立起从水源水到居民用水全环节监测网络，平均每年完成水样 3000 余份 10 万余项次指标的监测，水样合格率提升至 100%，保障全市人口用水安全。

关注实事热点，保障食品安全，提升营养健康水平。郭常义带领营养团队以前瞻性思维开展上海市居民膳食与健康状况监测，撰写并出版首个具有省级代表性的居民膳食营养报告，采用营养大数据，运用融媒体形式，大力开展营养科普工作，提升居民营养素养。

关注民生，密切追踪环境（空气）污染对人群健康的影响。郭常义以明锐的专业视角，在大众媒体广泛报道"雾霾"前，即带领环境卫生团队开始探索空气污染对人群健康影响。从最初的国家疾控中心环境所环境与疾病监测示范点开始，到后续成为国家卫计委中央转移支付项目——空气污染对人群健康影响监测点，他亲自指挥选点、外部门协调和问题督导等工作。13 年来，他致力于开展空气污染与人群健康关系研究，累计负责完成 PM2.5 监测近 4000 天次，开展现场调查超过 7 万余人次，收集各类监测数据近 30 万项次，收集疾病医疗数据近 15 万天次，识别并预防空气污染的主要健康影响，为本市开展空气质量环境综合整治和健康城市发展提供充分的技术支撑。

应急处置，保障城市运行安全

"开展群体工作肯定比开展个体工作要难，这就要求我们不单单会做调查、会做监测、会做研究，同时也要会做工作，尤其要具备跟社会方方面面打交道的能力。"

郭常义负责突发中毒事件卫生应急工作，肩负着守卫城市公共卫生安全的职责，始终奋战在公共卫生应急处置的第一线。他曾带领上海市疾病预防控制中心健康危害因素监测与控制应急团队圆满完成 2008 年奥运会上海赛场、2010 年中国上海世界博览会、2014 年亚洲太平洋经济合作组织上海会议、2016 年第九届全球健康促进大会、2018 年及 2019 年中国国际进口博览会等公共卫生保障任务。

近年来，郭常义带领中心中毒应急团队成功处置本市健康危害因素突发事故近 200 起。

成功处置 2013 年黄浦江上游死猪漂浮事件、2013 年金山 1.10 环境水污染事件等突发事故，以及 2011 年日本福岛核电站事故发生后，及时从专业角度对事故可能对上海造成的影响作出正确研判，为社会稳定及公共卫生安全做出了巨大贡献。

成功处置多起上海市突发职业中毒事件：包括 2005 年金山放射源丢失事故、2006 年松江区 20 余人不明原因职业性肝损伤、2011 年浦东儿童血铅超标事件、2012 年金山区 4 人不明气体中毒死亡 6.14 事件、2013 年内希格斯金属烟热事件等，深入现场一线，对维护全市劳动者身体健康、提高职业病防治水平起到至关重要的作用。

2011 年浦东康桥地区部分儿童陆续被发现血液含铅量超过正常指标，本着对人民群众生命健康高度负责的态度，郭常义带领中心中毒应急团队积极参与事故调查，以精湛的专业技术成功锁定污染来源，采取有效措施，促使企业停业搬离，将危害因素对人群的影响控制在最低水平。

在处理突发事件中，郭常义积极发挥主导作用，深入现场一线，迅速制定流行病学调查方案，及时精确掌握人群健康影响情况、健康危害因素暴露水平，锁定突发事件原因，为人员救治和预防健康因素危害事件的发生做出突出贡献，凸显作为技术支撑机构处置危害健康事件的专业性、权威性和时效性，为卫生行政部门决策提供强有力的科学依据。

郭常义还积极响应国家号召，带领健康危害因素监测与控制团队开展对口技术支援西藏等地区，有效提升当地职业、放射等专业的技术水平。

一锤定音，为健康决策提供技术支撑

"我们希望把监测的结果转化为公共政策，转化为法律，转化为标准，从而达到事半功倍的效果。"

郭常义作为公共卫生学科建设的领头人，学术造诣深厚。他担任多个国家级专业技术委员会主委和理事，主持环境与职业、食品与营养等上海市公共卫生重点学科建设，组织完成国家自然科学基金、世界卫生组织（WHO）等多项科研项目，建立起专业领域的学科人才团队。

郭常义紧跟国家政策动向，带领食品团队承接新《食品安全法》颁布后的食品

安全职能调整，联合多部门构建上海市食品安全风险监测评估体系，有效落实上海市食品安全风险监测质量控制中心。每年组织开展28大类市售食品2万余件样品近15万项次的中化学、微生物、放射性污染因素监测，及时评估和预警食品安全风险，及时发现并处置各类食源性疾病与事件。

郭常义带领职业卫生团队于2009年率先启动上海市重点职业病危害因素主动监测，建立企业职业卫生档案5万余份，实现客观掌握劳动者职业病危害因素接触水平，该项创新工作在全国范围内具有引领作用。2010年，结合BOHS工作，获得中华预防医学会科研项目——"基本职业卫生服务在农民工职业病危害预防控制中的应用"，为化解农民工职业健康问题提出了新思路，并在实践中得到应用，为制定职业病防治策略与措施，提供科学依据和技术支撑。上述工作，为预防和控制职业病做出了重要贡献。上海市职业病发病人数从2003年的700余例，降至目前的100余例，工作业绩得到社会、同行和企业的广泛认可。

2016年5月，为发挥公共卫生为政府建言献策的政府职能，配合上海市人大对控烟立法的修订和完善，郭常义组织技术团队赴机场、火车站和办公楼宇的吸烟点开展了细颗粒物（PM2.5）等指标的现场监测，开展公众问卷调查和吸烟室排风管道烟垢实验室检测，科学提供循证决策依据，完成《本市典型公共场所吸烟室细颗粒物污染调查结果》报告并报送至市卫生行政部门，该项监测得到市卫生行政部门的肯定，推进《上海市公共场所控制吸烟条例》修订。基于郭常义团队前期形成的技术报告及专业建议，上海市人大于2016年11月11日通过关于修改《上海市公共场所控制吸烟条例》的决定，新增"在室内公共场所禁止吸烟"等条款，该工作成绩在第九届全球健康大会上，受到世界卫生组织的高度赞扬。

此外，郭常义还着力提升实验室能力建设，夯实一锤定音的实验室技术，为行政部门提供可靠的技术支撑。他带领团队着力提升公共卫生化学危害物的检测技术能力，组织建立涉及理化、毒理、病原、寄生虫、病媒等21大类国家认证实验室参数1600余项，生物监测、农药残留、二恶英等检验鉴定能力达国际先进水平，引领全国同级同类机构。

未雨绸缪，他还领衔开展化学危害物暴露测定技术储备与应用，每年组织完成近万件行政监管样品的检测评价，在常规计量认证项目1101项（理化1026项，毒理 75 项）基础上针对应急需要，增加分类储备常规级项目 480 项、战略级项目 1580 项、储备级项目 528 项，确保相关突发应急事件的检测处置能力，保障城市运行安全。

郭常义立足本职工作，践行习近平新时代中国特色社会主义思想，不忘初心，积极投身卫生事业，求真务实、不断创新，为人民群众提供更高质量的健康环境，着力全方位控制健康危害因素，保障城市公共卫生安全，为建设"健康中国""健康上海"而努力奋斗。医

龚 辉

复旦大学附属金山医院　主任医师、党委委员、心血管内科主任

扎根远郊，为父老乡亲的健康护航

——记复旦大学附属金山医院龚辉

龚辉从医 28 载，扎根上海金山，致力于上海远郊心血管诊治水平的提高。

他爱岗敬业，潜心钻研，开了金山区心脏介入的先河，创了专业治疗技术的多项第一。多年来，他不断自学、主动进修、紧随前沿，始终致力于金山医院心血管疾病诊疗技术的发展，先后带领团队协助医院成功创立国家级胸痛中心和心衰中心。

技术领衔，心脏介入开地区先河

"金山家门口明明有医院，为啥老百姓还要往市区跑？技术短板补上了，患者自然就留在了家门口。"

龚辉的妈妈是一位乡村医生，他自小便摆弄着针筒、药盒，高考顺理成章报考了医学院。每个暑假回金山，爸爸总会赶他去田里帮忙干活。

乡情的种子，埋在龚辉心里，慢慢生根发芽。1992 年，他本科毕业就回到金山，在金山的医院里一干便是 25 年。

远郊医院底子薄，起点低。他一边工作，一边专攻英语，两次全国卫生系统出国留学水平考试，都取得优异成绩。每个周末，他参加各类学习班、研讨会。

非常勤奋，是同事对龚辉的一致评价。他先后完成在职研究生学习，并获得博士学位，还去瑞金医院、华山医院、香港威尔斯亲王医院、美国加州大学戴维斯医学中心心脏科研修心脏介入治疗。

2007 年，龚辉在没有心脏外科支持的情况下，开始全面独立开展心血管介入诊疗工作。他大胆开拓，开创了金山地区的多项第一：第一台冠脉介入治疗、第一台心脏再同步化治疗植入、第一台心脏电生理及射频消融术、第一台先天性心脏病介入封堵手术、第一台肾动脉支架术等。

2008 年，为满足急性心肌梗死病人的救治需求，龚辉在只有一个独立术者的情况下，毅然开展急性心肌梗死的急诊介入工作。他 24 小时手机开机，不辞辛劳，挽救了大量病人的生命。同年，金山医院心肌梗死急诊绿色通道建立，为金山及周边地区的心脏病患者带来了更多便利和希望。

2018 年底，金山医院成功创建国家级胸痛中心。为进一步提升医院影响力和科室的技术水平及诊治规范性，在龚辉的带领下，科室还在申请房颤中心、高血压达标中心等，以领先的技术进一步造福金山及周边地区的居民。

面对病人，他心细如发，急病人所急、想病人所想。每年他专家门诊的病人数接近 5000 例，其中将近 20％来自金山区之外，包括浙江的平湖、海盐，更有来自慈溪的病人。中午看诊延续到下午 1 点是经常的事，傍晚 5 点 30 分经常还没结束。病人大都来自金山周边地区，金山周边地域广阔，开车几十公里赶来就诊的病人不在少数。每一次龚辉都有求必应地为挂不上号的病人加号；因为农村来的病人带来的钱不够，他也经常会借钱给病人应急。所有这一切，他都认为是常态，是自己应该做的，不值一提。

随着龚辉个人能力和名气的不断上升，他所承担的工作和任务逐渐增多，门诊、查房、会诊、会议、培训等，他不得不加班进行手术，以满足病人的需求。他周六还在外地开会，晚上赶回，周日就安排手术。白天有其他工作，就安排在傍晚手术，努力缩短病人的住院时间，及时解除病人痛苦。

甘为人梯，勤育本土高层次人才

"医生需要不断学习、掌握先进技术。要对病家负责，就必须牺牲个人的安逸。"

28 载春华秋实，龚辉已成为金山地区的名医。"近年来医院发展很快，但总体来说，远郊地区还是缺乏高层次人才。"龚辉说，"引进人才固然重要，但怎样培养让百姓信任的本土人才，更值得思考。"

从 2008 年成为硕士生导师起，龚辉已培养各类硕士研究生 12 位。在他的带教下，已有各类独立手术资质的人员达到 10 人次，手术护士也从 1 位增加到 3 位。

金山医院的介入工作，也在心内科的带领和促进下有了蓬勃发展：医院 2016 年成立介入中心，他扛起大任，担任中心主任，在各科共同努力下，有力地促进了介入诊疗工作在金山医院的发展。2016 年，在金山医院全科规培基地建设出现困难时，医院领导再次将重任交到龚辉手里，由他出任全科教研室主任一职。通过他的努力，全科教研室工作逐步走上正轨，到 2018 年全科住院医师培训基地工作顺利通过了国家级复审。

这些年来，龚辉带领团队，通过授课、患者教育、义诊、咨询、电视广播宣传、报纸专栏等形式为数千名社区居民服务。除日常诊疗、教学外，他带着弟子走遍金山的角角落落。山阳镇、金卫镇的茶馆和村口，常能看到他与学生的身影。他们一边为当地患者义诊，一边传播专业卫生知识与健康理念。龚辉教导学生，"有仁术还不够，一颗仁心更难能可贵。"金山区"百家村"村民特别高兴：因为他们最熟悉的龚辉医生，要带着团队来义诊了！慢性病人王老伯来了，行走不便的周阿姨来了……村民有的来咨询病情，有的来配药，有的纯粹来聊聊家常。龚医生带着小药箱，团队成员还拎着粮食米油、生活用品来探望乡亲。温馨的医者情，已化成浓浓的亲情。

作为科主任，多年来龚辉始终奋斗在心梗救治的第一线，无论周末还是节假日，心梗救治值班室总有他的身影。所有的一切，他都认为是他应该做的，不足挂齿，但正是他的无私给无助患者带去了"心"的希望。

28 年来，龚辉从未停止过对医学知识的孜孜追求。通过连续举办心力衰竭国家级学习班、微信在线授课、建立"心梗救治群"等，将前沿的医疗知识和技术送医到社区卫生的第一线，努力提升全区诊疗水平。他主导组建起"金山区心梗救治群"，形成覆盖整个金山区的胸痛救治网络，极大缩短高危胸痛救治时间，为胸痛患者第一时间建立生命通道。"心梗救治群"就像章鱼，健康触角伸向金山及周边地区的角角落落，已经有上百人因这个群而获得新生，更有不计其数的人因此群而获益，真正实现了"守护一方健康、造福一方百姓"的承诺。

躬身践行，公益路上的执着追求

"能为父老乡亲的健康保驾护航，我很荣幸！"

个人的力量是有限的，而一位医者对健康事业的奉献可以是无限的。在公益路上，龚辉不仅造福金山及周边老百姓，更将足迹遍布云南、四川、山东等地。

作为金山医院内科党支部书记，龚辉带领内科支部走出医院走进社区，把专业的卫生知识、健康的生活理念、先进的医疗卫生技术带给金山区广大人民群众，把先进的医疗技术和医学知识带给基层医院，让当地群众就近得到专家诊治。

在繁忙的工作之余，在难得的休息日，经常可在街头、小区、村落等看到龚辉的身影。他给病人义诊，为群众上课，让所有的人有病可医，让更多的人建立健康的生活方式。在居家所在的小区，他经常在居委会开义诊；在金山区的各个乡镇，他的足迹遍布各个村村落落。

医疗服务没有围墙，龚辉的健康传播走出金山，更是辐射到了边远贫困地区。在当年红军艰苦跋涉过的四川红原，闻讯来找上海专家看病的山民排成了长队。龚辉忍受着不适的高原反应，耐心诊治，使很多当地心脏病患解除了痛苦。他为了能多看一位病患，没敢喝一口水，大半天时间没离开义诊台。在云南昆明、山东烟台、湖南长沙、山东日照、四川阿坝等地，也留下了他一心为民诊治的身影。

龚辉，他用仁心仁术托起 80 万金山人民"心"的希望。他曾获全国卫生系统先进工作者、上海市五一劳动奖章获得者、上海市十佳医生、上海市区域名医、首届金山名医、全国百佳志愿者、金山好人、感动金山十大人物……

近三十年如一日的"进取、奉献"的人生历程中，无论社会赋予龚辉多少光环和荣誉，对于他来说，自己的身份始终只有两个：一是共产党员；二是人民医生。医

医德楷模提名奖

程克文

上海市宝山区仁和医院

主任医师、大内科执行主任、内科教研室主任

想在前面，做到心里

——记上海市宝山区仁和医院程克文

程克文，在基层医院临床一线工作已经超过 37 年。一直以来，他以"患者第一"的高尚医德、娴熟超群的精湛医术，带领团队在社区疾病防治康复事业中无私奉献，取得累累硕果。

精研医术，社区肺康复步前列

"病人给你打电话，那是对你的信任，不能让他们失望。"

作为医生，程克文几乎全年无休，全身心扑在患者身上。

"德无碑，民有口碑"，他把"急病人之所急，想病人之所想"落实在具体行动上。为了能让患者第一时间联系上他，他主动将手机号仔细地写在就诊病历卡上，并嘱咐患者，需要时请及时拨打。

有一位 83 岁的患者，就曾经在病重时拨打程克文的电话，后经入院精心治疗、出院后跟踪指导，病情得到有效控制。痊愈后的老人送来一面锦旗，上面写着："想在我前面，做到我心里。"

多年来，无论是节假日、还是夜间，程克文接患者求助电话、救治危重患者不计其数，始终无怨无悔。

作为科室主任、学科带头人，程克文把掌握医学领域最前沿的技术作为自己的职业追求。在他的带领下，呼吸科每年门诊量、收治住院病人、病床使用率等指标均处在全区领先位置。

面对病人数量增加、疾病种类扩展、医学飞速发展的现状，程克文仍然刻苦钻研，力争医技再上层楼。他依托华山医院的技术力量，开展新疗法、新技术，对一些特殊病例进行跟踪观察，不断积累实践经验，提高医疗水平，使科室整体水平在宝山区内保持领先水平。

程克文很早就关注社区开展肺康复的重要性。2002 年，在全市率先推广正规化的肺康复家庭氧疗，并和社区联动。2008 年，在同济医院的指导下，又率先在社区推广慢性咳嗽的规范化治疗。在相关课题评审时，业界前辈由衷赞叹："你们的肺康复工作已经走在全国同级医院的前列！"

他在医院首创了无缝隙管理模式，为提高医疗安全奠定了基础。他始终坚持科研推动临床理念，先后完成与中山医院、第一人民医院、同济医院科研协作项目 3 项。2012 年 6 月宝山区科委课题"宝山区社区获得性肺炎流行病学调查"（第一作者）获宝山区医学科技"公共卫生类"一等奖。同年，他的"社区家庭无创通气管理"课题，获宝山区科委立项。

作为上海市劳模创新工作室领衔人，程克文把培养年轻骨干作为事业的新重心之一，从品德、素质、医技、科研等方面全心全意培养青年医生，取得理想效果。

2017 年 8 月，程克文又挑选了二十多名组员，创建区劳模创新工作室，并制定了一系列规章制度，有效提升工作室管理水平。

程克文言传身教，通过面对面交流、指导、研讨、查房等多种形式，使青年在思想品德、医疗和科研方面取得较大进步，尤其值得赞誉的是基层优秀青年医生的临床和科研水平得到明显加强。

工作室还积极与社区和行业内外联系，开展业务交流，取长补短，共建、双赢。

劳模工作室自运行以来，充分发挥业务专长和技术优势开展创新活动，2018年获评第八批上海市劳模创新工作室。呼吸内科 2018 年成为宝山区医学特色专科——慢性气道疾病诊治特色专科；省级课题立项 1 项；区科委课题立项 2 项；市劳模工作室支撑课题 1 项；申报专利 1 项。程克文仅用一年多的时间就培养出两名德才兼备的青年医师：陈培森医师，先后获"上海仁心医师"提名奖、上海市"十佳家庭医生"提名奖；苏建花医师，成为宝山卫生青年人才培养对象，并获第三届"宝山区十佳医生"提名奖。

抗疫先行，医务"老兵"定军心

"主任在等你们平安回家，加油！"

程克文是上海市宝山区呼吸专业的医疗专家，是经历过非典、甲流的医务"老兵"。

"禽流感"来袭，程克文时刻待命，无论白天黑夜，接到电话总是第一时间赶到现场，全然不顾个人安危。传染病第一个要抓住的就是流行病学调查，程克文总是第一时间进入病房与病人面对面进行沟通和了解情况。宝山区各区级医院、社区卫生服务中心，哪有疑似病例，哪儿就有他那忙碌的身影。H7N9 爆发那一年，程克文毅然深入社区普及 H7N9 相关知识及防范措施，非常有效地缓解了居民的恐慌。

2019 年冬，新冠肺炎疫情突起，程克文临危受命，担负起新冠肺炎医疗救治的宝山区专家组组长的重任。

根据国家卫生健康委办公厅、国家中医药管理局办公室关于新型冠状病毒感染的肺炎诊疗方案的通知要求，程克文要求全体成员及时学习新修订的国家和上海市关于新型冠状病毒感染的肺炎诊疗方案和防控方案，提高防控和治疗技术，增强防范意识，做好个人防护，切断传播途径，进一步降低疾病传染风险。

在此次新冠疫情阻击战中，"程克文劳模创新工作室"的整个团队都参与抗击疫情的战斗：三位副主任医师石宝平、陈自力、卞秀娟一同加入区专家组；三位医护人员赴武汉金银潭医院工作；其他成员也投入发热门诊和呼吸科门诊；工作室一批批社区医院的年轻医生，坚守在一些重要道口监测疫情。

程克文的足迹，遍布区内二、三级医院抗疫第一线。他先后走访宝山区各个发热门诊，孜孜不倦地向广大医务人员宣传疫情防控和自身防护知识，指导如何正确洗手和消毒；他帮助部分医疗机构完善了发热门诊各项应急预案及诊治流程；他两次到罗店隔离病区指导工作，使诊治流程更加合理化。

同是区专家组成员的钱瑜琳说："程主任基本上是有求必应，有叫必应，是我们的主心骨，是我们的'定海神针'。"

走马天涯，援摩医疗书大爱

"其实也没什么，就是每天比别人多思考一点、多学习一点、多干一点，多进步提高一点点。"

程克文是一名热心公益事业的志愿者，大型科普推广、义诊，常常可见他忙碌的身影；助老、关爱山区孩子，他常年坚持着奉献自己的爱心。

2014年9月，程克文毅然报名参加上海援摩医疗队。作为上海市宝山区援摩医疗队队长，他带领12人医疗团队，克服语言交流障碍、医疗设备简陋、服务理念差异等种种困难，共接诊6800人次，收治病人近3000人，开展手术1400余台。五分之一的中国医生，完成的医疗工作量占全院三分之一，充分展现中国医生的职业道德和专业技术，深得摩洛哥当地人民的信任和依赖，当地百姓甚至称沙温穆罕默德五世医院是"中国医院"。

2016年6月6日，沙温省卫生厅给医疗队颁发奖励证书，感谢中国援摩沙温医疗队所作的贡献。

2017年初，中国驻摩洛哥大使孙树忠等到沙温医疗队视察，孙大使和摩方卫生厅厅长及院长给予了高度评价——程克文带出了一支合格的援外队伍！

程克文以身作则，不畏艰难，努力工作。随着时间推移，慕名而来的病人越来越多，第二年，他收治的病人数比第一年增长40.6%、急诊人次增长306%、小手术数量增长46%。日常工作中，他坚持将"医疗安全"放在首位，无医疗差错。

除了专注于医疗，程克文在管理上也是独树一帜，在国外首创双轨制和无缝隙管理模式，并用大爱把队员们凝聚起来。为解思乡之情，他积极组织开展形式多样的读书学习、学术交流、文体娱乐、假日生活等活动，丰富精神生活。他创办了《沙温生活》，讲述中国故事，展示中国医师"积极向上、团结和睦"的团队精神，得到中国援摩医疗总队的高度认可。

在近两年的援摩时间里，医疗分队医疗上有7项发明获上海市宝山区医务工会"五小"发明；全队共书写论文32篇，已发表20篇，待发表12篇；全队成员获得的各类荣誉有30多项。

就这样，程克文以自己独特的人格魅力带领团队在异域他乡书写仁心大爱，获得"全国援外医疗工作先进个人"荣誉。

年近花甲的程克文，曾先后获评"全国援外先进个人"、上海市优秀共产党员、上海市抗击新冠肺炎疫情先进个人、上海市先进工作者（劳模）、全国第二届"宋庆龄最美基层呼吸医师"提名奖、宝山区优秀党员、第三届宝山区"德技双馨"名医等。

这，不仅仅是对程克文医术的褒奖，更是对他综合能力和为人处世的客观评价。医